選手

ERLING

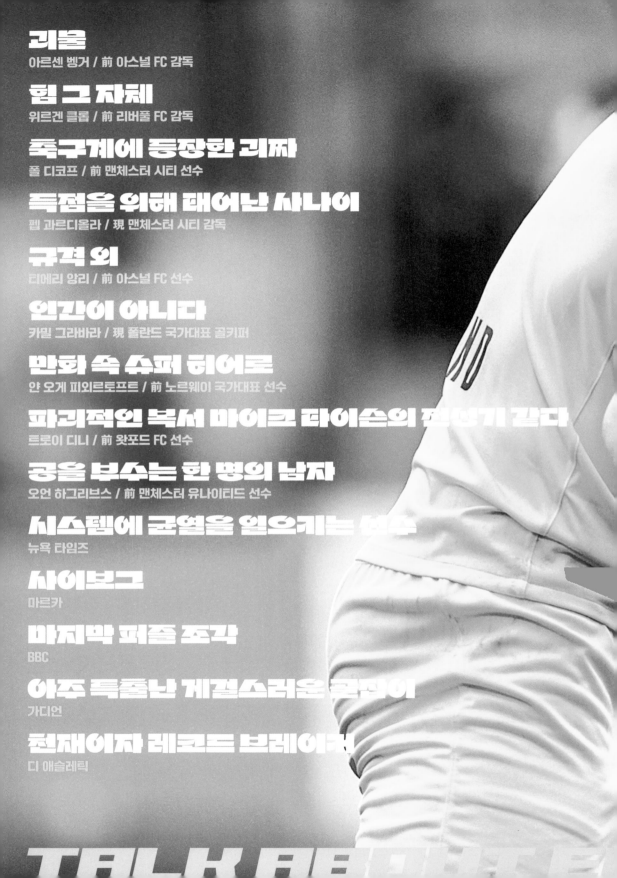

괴물
아르센 벵거 / 前 아스널 FC 감독

힘 그 자체
위르겐 클롭 / 前 리버풀 FC 감독

축구계에 등장한 괴짜
폴 디코프 / 前 맨체스터 시티 선수

득점을 위해 태어난 사나이
펩 과르디올라 / 現 맨체스터 시티 감독

규격 외
티에리 앙리 / 前 아스널 FC 선수

인간이 아니다
카밀 그라바라 / 現 폴란드 국가대표 골키퍼

만화 속 슈퍼 히어로
얀 오게 피오르토프트 / 前 노르웨이 국가대표 선수

파괴적인 복서 마이크 타이슨의 전성기 같다
트로이 디니 / 前 왓포드 FC 선수

공을 부수는 한 명의 남자
오언 하그리브스 / 前 맨체스터 유나이티드 선수

시스템에 균열을 일으키는 선수
뉴욕 타임즈

사이보그
마르카

마지막 퍼즐 조각
BBC

아주 특출난 게걸스러운 골잡이
가디언

천재이자 레코드 브레이커
디 애슬레틱

ING HAALAND

FIFA 20세 이하 월드컵 골든 부트 2019
오스트리아 분데스리가 최우수 선수 2019/20
골든보이 2020
UEFA 네이션스리그 득점왕 2020/21, 2022/23
UEFA 챔피언스리그 득점왕 2020/21, 2022/23
EPL 득점왕 2022/23, 2023/24
사무국 선정 EPL 최우수 선수 2022/23
선수 협회 선정 EPL 최우수 선수 2022/23
기자협회 선정 EPL 최우수 선수 2022/23
UEFA 최우수 선수 2022/23
유러피언 골든슈 2022/23
FIFA 올해의 선수 2위 2023
발롱도르 2위 2023
FIFA 국제선수협회 월드 베스트11 2021, 2022, 2023
노르웨이 올해의 축구선수 2020, 2021, 2022, 2023

2018/19 오스트리아 분데스리가 우승 1회
2018/19 오스트리아축구연맹컵 우승 1회
2020/21 독일축구연맹 포칼 우승 1회
2022/23, 2023/24 **EPL** 우승 2회
2022/23 **FA**컵 우승 1회
2022/23 **UEFA** 챔피언스리그 우승 1회
2023 **UEFA** 슈퍼컵 우승 1회

신인류의 등장

최고의 득점 기계

PROLOGUE 청춘靑春. '새싹이 파랗게 돋아나는 봄철'이라는 뜻이다. 일반적으로 십 대 후반에서 이십 대에 걸치는 인생의 젊은 시절 또는 빛나는 시기를 이르는 말이다. 청춘의 시기에 모든 사람들은 역사상 가장 젊은 인류인 신인류가 된다. 이를 통해 그들만의 문화와 역사를 만들고 영위해 나간다. 이 글을 읽고 있는 모든 이들도 신인류의 시기를 겪었거나, 겪고 있거나, 겪을 예정이다. 신인류는 살아가며 모든 것을 처음으로 마주하게 된다. 그래서 모든 것에 서툴고 투박하다. 하지만 그 자체로 아름답다. 자신이 있는 곳에서 영롱한 빛을 낸다. 리오넬 메시와 크리스티아누 호날두가 주도하던 축구계에도 신인류들이 등장하기 시작했다. 신인류들은 현대 축구라는 쉽지 않은 무대에서 자신들의 재능을 보여 주며, 새로운 문화와 역사를 만들고 있다. 메시·호날두의 시대에 이은 또 다른 신인류들의 시대에 아주 돋보이는 선수가 있다. 그의 이름은 엘링 홀란드. 195cm, 88kg이라는 훌륭한 피지컬을 가지고 2000년 7월 21일 태어난 노르웨이 국적의 공격수다. 아버지 알프잉에 홀란드의 영향으로 어릴 때부터 축구와 함께였던 소년은 기대감 속에 성장했다. 많은 역경과 유혹에도 흔들리지 않고, 축구만을 생각하며 노력했다. 그 우직한 노력은 결실로 연결됐다. 홀란드는 이제 축구계를 대표하는 득점 기계로 성장했다. 닿는 모든 것을 황금으로 만드는 미다스의 손이라는 말이 있다. 그의 두 발은 닿는 모든 것을 황금으로 만드는 미다스의 발이 됐다. 축구 안의 인물들도, 축구 밖의 인물들도, 언론들도, 팬들도 그에게 찬사를 보내기에 바쁘다. 평범했던 노르웨이의 한 소년이 지금의 위치에 오기까지 어떤 일들을 겪고, 어떠한 노력을 쏟았을까. 축구계 최고의 득점 기계로 자리매김한 홀란드. 그의 발자취를 되짚어 보는 일은 즐거움으로 가득했으며, 본인 이형주 기자에게도 영광으로 남았다.

홀란드

2019. 6. 15

FIFA 남자 20세 이하 월드컵 득점왕

노르웨이의 신동이 유럽이 주목하는 유망주로 발돋움하게 된 계기. 홀란드는 2019년 폴란드에서 열린 FIFA U-20 월드컵에 참여한다. 홀란드는 조별리그 3차전 한 경기에서 무려 9골로 트리플 해트트릭을 달성하며 득점왕에 오른다.

2019. 9. 5

노르웨이 국가대표팀 데뷔

홀란드가 염원하던 노르웨이의 붉은 유니폼을 입고 뛴 첫 경기. 홀란드는 노르웨이의 홈인 오슬로의 울레볼 스타디온에서 열린 몰타와의 유로 2020 예선 경기에서 국가대표 데뷔전을 치른다. 아버지에 이어 홀란드라는 성을 가진 선수가 노르웨이를 대표하게 되는 순간이었다.

2019. 9. 18

UEFA 챔피언스리그 데뷔전 해트트릭

현재 축구계 헤게모니는 유럽이 쥐고 있고, 그 때문에 최고 수준의 클럽 대항전은 유럽 최고 클럽을 가리는 UEFA 챔피언스리그로 평가받는다. 홀란드는 RB 잘츠부르크 소속으로 KRC 헹크를 상대하며 첫 경기를 치른다. 하지만 데뷔전이라는 말이 무색하게 해트트릭을 폭발시킨다.

2019. 12. 29

보루시아 도르트문트 이적

UEFA 챔피언스리그 무대에서 맹활약하며 많은 클럽의 러브콜을 받은 홀란드였다. 홀란드는 겨울 이적시장에서 자신에게 진심을 보여 준 도르트문트를 선택했다. 홀란드는 도르트문트에서 또 한 번의 성장을 이루며 자신의 선택이 맞았음을 증명한다.

2021. 5. 30

UEFA 챔피언스리그 득점왕

첫 시즌에 적응기도 없이 맹활약한 홀란드는 도르트문트에서의 두 번째 시즌이자, 도르트문트에서 치르는 첫 '풀' 시즌이었던 2020/21시즌 성공 가도를 이어 간다. 이 시즌 팬들이 뽑은 분데스리가 최우수 선수로 뽑힌 그는 UEFA 챔피언스리그에서는 10골로 득점왕에 올랐다.

2022.5.10

맨체스터 시티 이적

빅클럽들은 홀란드의 연이은 성공에 그를 영입하고자 혈안이 돼 있었다. 홀란드는 하늘색 유니폼을 입고 뛰었던 아버지처럼, 맨체스터 시티로 향하기로 결정한다. 홀란드는 어린 시절 아버지의 하늘색 맨시티 유니폼을 입고 자주 사진을 찍었다. 그런 그가 성장해 다시 하늘색 유니폼을 입고 나아가게 되는 순간이었다.

2023.5.29

EPL 단일 시즌 최다 득점 기록 경신 및 골든 부트 수상

세계 최고의 리그 중 하나로 꼽히는 EPL이다. 그런 EPL에서도 홀란드에게 적응기란 필요 없었다. 홀란드는 첫 시즌에 리그에서 36골을 폭발시켰다. 이를 통해 역대 EPL 단일 시즌 최다 득점 기록을 새로 썼다. 이전 1위는 2017/18시즌 32골을 기록한 모하메드 살라였다.

2023.6.11

트레블 달성 및 유러피언 골든슈 획득

홀란드와 맨시티는 EPL 우승에 만족하지 않고, 더 나아가 FA컵, UEFA 챔피언스리그까지 제패한다. 트레블(3관왕) 달성. 홀란드는 여기에 유럽 리그를 뛰는 선수들 중 득점 수와 리그 계수 등을 고려해 최다 포인트를 획득한 선수에게 주어지는 유러피언 골든슈까지 획득했다.

2023.10.30

발롱도르 2위

프랑스 언론 프랑스 풋볼은 한 해 최고의 활약을 한 선수에게 축구계 최고 영예인 발롱도르 상을 수여한다. 홀란드는 2022/23시즌 환상적인 활약을 바탕으로 2위에 오른다. 1위를 2022 FIFA 카타르 월드컵을 제패한 리오넬 메시에게 내주기는 했지만, 본격적으로 홀란드의 시대가 오고 있음을 알리는 상징적인 장면이었다.

2024.5.20

EPL 역사상 최초의 4연패 견인

트레블의 위업 이후 맞이한 2023/24시즌에도 홀란드의 위력은 여전했다. 홀란드는 EPL에서 27골로 두 시즌 연속 득점왕에 오르는 등 좋은 모습을 보여 줬다. 이 덕분에 맨체스터 시티는 EPL 최초 리그 4연패라는 위업을 달성했다.

CONTENTS

Niflheimr&Múspellsheimr 홀란드의 태동 : 니플헤임과 무스펠헤임

Miðgarðr 홀란드가 밟아 온 길 : 미드가르드

Vanaheimr 홀란드, 최고로 우뚝 : 바나헤임

Ásgarðr 홀란드가 살게 될 또 다른 신들의 땅 : 아스가르드

엘링 홀란드는 반드시 세계 정상급 축구선수가 될 것이다. _올레 군나르 솔샤르

NIFLHEIMR & MUSPELLSHEIMR

홀란드의 태동 : 니플헤임과 무스펠헤임

북유럽 신화에서 니플헤임은 세계가 창조되기 전부터 존재한 냉기의 땅,
무스펠헤임은 세계가 창조되기 전부터 존재한 열기의 땅을 말한다.
홀란드에게도 니플헤임과 무스펠헤임같이 스타가 되기 전의 시기가 있었다.

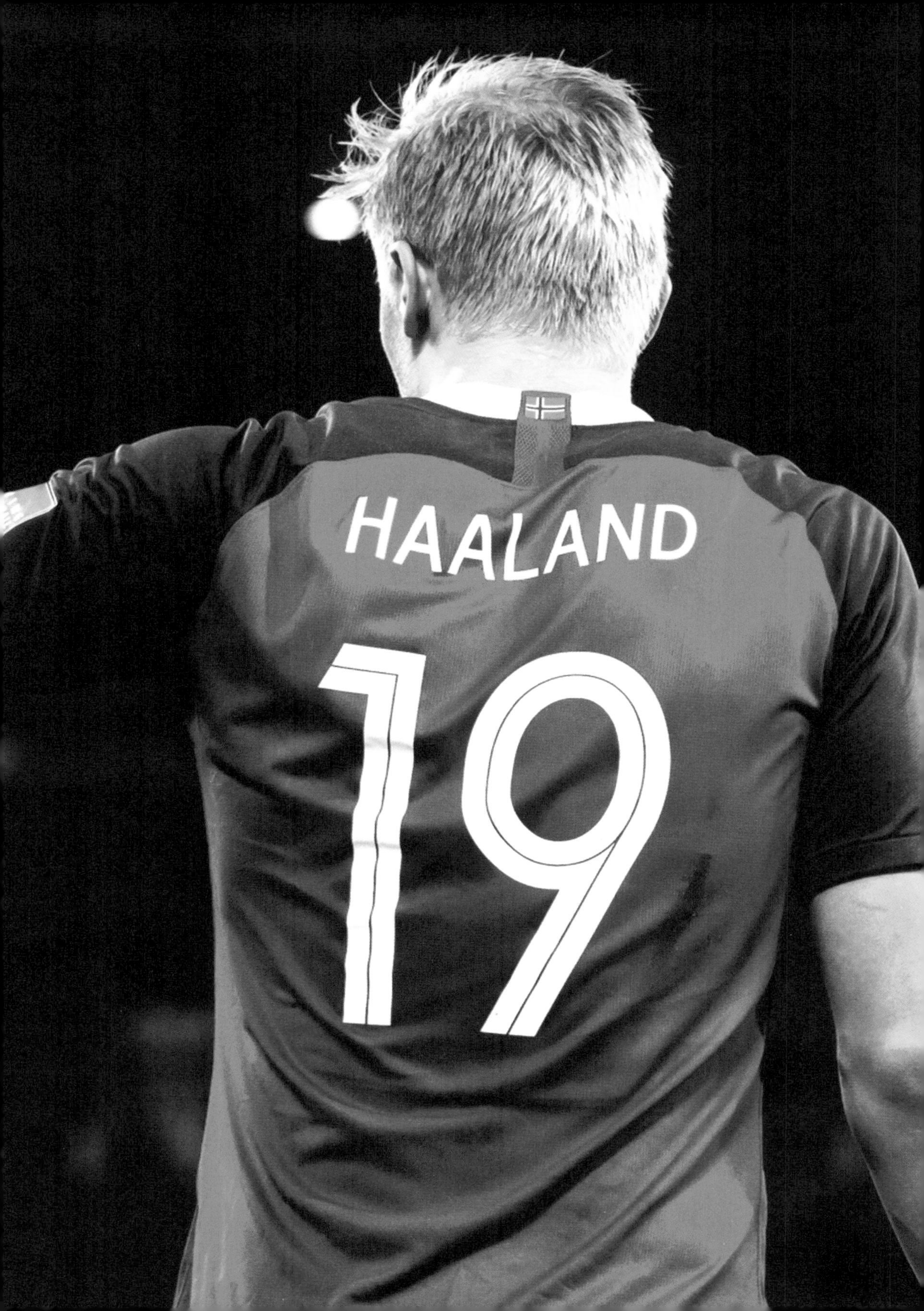
HAALAND
19

01

리즈의 라커룸에서 잉태된(?)
모래 축구인

"태생이 축구 라커룸인 선수인데요."

2020년 2월 엘링 홀란드는 유럽 축구계를 충격에 빠뜨리고 있었다.
RB 잘츠부르크에서 보루시아 도르트문트로 이적한 그는 데뷔전
해트트릭을 포함해 적응기도 없이 맹활약을 펼쳤다.
노르웨이 국가대표 공격수 출신인 얀 오게 피외르토프트는 2020년
2월 엘링 홀란드의 활약에 대해 논평해 달라는 이탈리아 언론 '스카이
이탈리아'의 요청에 "태생이 축구 라커룸인 선수인데요"라고 답했다.
엘링 홀란드가 라커룸에서 잉태됐다(?)는 이야기를 하며, 태생부터
축구와 함께한 선수라 더 많은 것을 기대할 수 있다는 뜻이었다.

엘링 홀란드의 아버지 알프잉에 홀란드는 노르웨이 국가대표로 월드컵에 출전했으며, 잉글리시 프리미어리그(EPL) 리즈 유나이티드, 맨체스터 시티 등에서 뛰었던 선수였다. 시대를 대표한 선수는 아닐지언정, 현재 축구선수들이 선망하는 무대를 누볐다. 이는 축구계에서 충분히 엘리트로 평가받을 수 있다는 것을 의미한다.

엘링 홀란드의 어머니 마리타 브레우트 역시 엄청난 운동선수 DNA를 가지고 있는 여성이다. 홀란드의 어머니는 헵타슬론(육상 여성 7종 경기) 노르웨이 챔피언 출신이다. 헵타슬론은 여자 육상 경기 종목 중 하나로 100미터 허들, 포환던지기, 높이뛰기, 200미터 경주, 멀리뛰기, 창던지기, 800미터 경주를 하는 육상 복합 경기다. 당연히 챔피언이 되려면 모든 종목에 능해야 한다. 홀란드가 축구장에서 보여 주는 엄청난 운동 능력은 아버지 유전자의 원인일 수도 있지만 어머니 유전자의 영향일 수도 있다. 엘링 홀란드는 2000년 그런 부모님 아래 태어났다.

한 가지 신기한 점은 노르웨이 국적의 부모님 사이에서 난 홀란드의 출생지가 노르웨이 수도 오슬로나 노르웨이의 다른 도시가 아닌 영국 리즈(Leeds)라는 것이다. 영국 북동부의 요크셔험버 지방의 중심 도시다. 영국에서도 열 손가락 안에 드는 큰 도시다. 그 이유는 엘링 홀란드의 아버지 알프잉에 홀란드가 리즈를 대표하는 리즈 유나이티드에서 뛰던 시절 그를 잉태했기 때문이다. 엘링 홀란드의 아버지 알프잉에 홀란드와 대표팀 동료로 함께 뛰며 절친했던 피외르토프트가 앞서 언급했듯 홀란드의 부모님이 리즈 라커룸에서 사랑을 나눠 그를 잉태했다는 짓궂은 농담도 있었다.

실제로 그것이 짓궂은 농담인지, 아니면 실제의 일인지 진위는 홀란드 부모님만 알겠지만, 적어도 엘링 홀란드가 태생부터 축구와 밀접했던 것은 분명하다. 더불어 리즈와 리즈 유나이티드도 홀란드에게 있어 남다른 의미를 주는 도시이자, 남다른 의미를 주는 클럽으로 남아 있다.

다만 엘링 홀란드가 태어난 지 3년 후인 2003년을 끝으로 홀란드 가족의 영국 생활이 끝났다. 가장이었던 알프잉에 홀란드가 영국에서의 커리어를 마무리했기 때문이었다. 노팅엄 포레스트, 리즈 유나이티드를 거쳐 2000년 맨체스터 시티에 입성한 그였다. 좋은 모습도 보여 준 알프잉에 홀란드지만 2003년을 끝으로 부상으로 더 이상의 커리어를 이어 갈 수 없는 상황이었다.

알프잉에 홀란드는 축구화를 벗으며 은퇴를 하는 동시에 고향 브뤼네로 향했다. 알프잉에 홀란드의 고향 브뤼네는 자신의 고향인 동시에 아내 마레타 브라우트의 고향. 홀란드의 부모님은 고향에서 아스토르 홀란드(홀란드의 형), 가브리엘 홀란드(홀란드의 누나), 엘링 홀란드의 양육에 집중하기로 마음먹었다.

이로 인해 영국 태생이었던 홀란드는 4세 때 이동한 고국 노르웨이에서 성장기를 보내게 된다. 홀란드는 부모님의 사랑과 형, 누나의 보살핌 속에 건강히 자라나게 된다. 홀란드는 5세부터 자신의 운동 능력을 알렸는데, 2006년 7월 22일 홀란드는 5세의 나이에 163cm를 뛰며 동 나이대 멀리뛰기 세계 기록을 쓰기도 했다.

축구선수 출신의 아버지를 뒀고, 빼어난 운동 능력을 보여 줬기에 엘링 홀란드가 아주 어린 나이부터 축구에만 전념하지 않았을까 생각이 든다. 하지만 이는 사실이 아니었다. 홀란드의 아버지 알프잉에 홀란드의 철학 때문이었다.

알프잉에 홀란드는 자신이 축구를 했지만, 아들을 축구만 하게끔 국한하지 않았다. 핸드볼, 테니스, 육상, 크로스컨트리 스키 등 다양한 스포츠를 접할 기회를 제공했다. 홀란드의 아버지는 "다양한 스포츠를 접하는 것이 중요하다고 생각했습니다. 다양한 활동을 통해 신체의 여러 부분들을 발전시킬 수 있고, 무슨 일을 하든 좋은 영향을 받을 수 있다고 생각했죠. 홀란드 스스로가 (어떤 것을 좋아하는지) 확인할 수 있게 할 수 있다는 것도 좋은 부분이었습니다"라고 술회한 바 있다.

하지만 엘링 홀란드에게 있어 역시나 축구는 운명이었다. 많은 다른 스포츠를 접했지만, 그의 마음은 축구로 쏠렸다. 그리고 자신이 좋아하는 그 스포츠에서 빠르게 두각을 나타내기 시작했다.

엘링 홀란드는 빠르게 성장하며 노르웨이 연령별 대표팀을 섭렵했다. 현재 엘리테세리엔(노르웨이 1부 리그) 미엘뷔 AIF 소속으로 뛰고 있는 엘링 홀란드의 동갑내기 친구 콜린 뢰슬러는 홀란드의 축구선수로서의 태동을 기억하고 있는 이 중 한 명이다.

콜린 뢰슬러는 동독 국가대표 출신 우베 뢰슬러와 노르웨이인 어머니 사이에서 태어난 선수다. 또 콜린 뢰슬러의 아버지 우베 뢰슬러는 맨체스터 시티에서 활약한 바 있었다. 그 때문에 콜린과 홀란드는 맨체스터 시티 출신의 아버지를 둔 노르웨이 연령별 대표라는 연결고리를 가지고 있었고 빠르게 친해졌다.

콜린은 엘링 홀란드와 함께한 노르웨이 연령별 대표 시절을 회고하며 "현재의 피지컬은 아니었지만, 친구 홀란드가 특별하다는 것은 곧바로 알아챌 수 있었습니다. 한번은 스웨덴과의 경기에서 홀란드가 '상대 골키퍼가 나와서 플레이하는 걸 좋아하더라'라고 제게 말한 뒤 하프라인 슛으로 득점을 한 것을 기억해요. 어릴 때부터 홀란드는 세계 최고의 선수가 될 수 있다는 믿음이 있었고, 결국 이를 해냈습니다"라고 말했다.

친구의 기억처럼 현재의 압도적인 피지컬을 갖추기 전부터도 엘링 홀란드는 최고의 축구선수가 된다는 믿음을 가지고
있었다. 동시에 가진 것들에 안주하지 않으면서 최고의 축구선수로 발전하기 위해 각고의 노력을 기울였다. 운명은 노력하는
자의 편이라 했던가. 엘링 홀란드의 노력은 서서히 빛을 봤고, 그는 축구계가 주목하는 스트라이커로 떠오르기 시작했다.
엘링 홀란드는 그렇게 유럽 무대 중심으로 천천히 다가가고 있었다.

02

엘링 홀란드의 자랑스러운 아버지 알프잉에 홀란드

축구는 오늘날 가장 인기 있는 스포츠로 꼽힌다. 이 명제가 절대적 참이냐에는 의문이 있을 수 있지만, 중론인 것은 부인할 수 없다. 현재 오대양 육대주 어디든 공 하나만 있다면 남녀노소 가리지 않고 공을 차고 있다.

이 영향으로 대륙별, 국가별, 성별, 연령별 토너먼트들이 셀 수 없이 많다. 그 대회들도 인기를 구가하고 있다. 이런 대중적인 스포츠가 축구이기에 실력으로 정점에 서기는 무척이나 어렵다. 그 때문에 축구라는 스포츠에서 정점에 서 있는 엘리트 스타 축구선수들은 응원을 받고 인기를 얻는다.

최정점의 선수는 아니었을지언정, 홀란드의 아버지 알프잉에 홀란드 역시 그런 의미에서 대단한 선수였다. 알프잉에 홀란드는 국가대표 선수들이 최고의 영예라 말하는 월드컵 무대를 누볐다. 소위 그냥 팀에 묻어가는 선수도 아니었다. 알프잉에 홀란드는 팀 동료들과 함께 1938년 이후 56년 만에 노르웨이가 1994년 월드컵 본선으로 갈 수 있게 만든 선수였다. 본선에서도 첫 2경기에 선발 출전해 풀타임을 소화하며 핵심 선수로 뛰었다.

당시 노르웨이는 E조에 멕시코, 아일랜드, 이탈리아와 한 조로 묶였다. 당시 노르웨이가 경쟁한 각 팀들 모두 훌륭한 전력을 가진 팀들이었다. 멕시코의 우고 산체스, 아일랜드의 로이 킨 등 스타들도 포진했다. 특히 이탈리아의 경우 프랑코 바레시, 파올로 말디니, 로베르토 바조, 마우로 타소티, 데메트리오 알베르티니 등에 아리고 사키 감독까지 올스타급 진용을 자랑했다.

노르웨이는 그런 팀들과 경쟁하면서도 밀리지 않았다. 1994년 미국 월드컵 E조 네 팀은 조별리그에서 모두 승점 4점으로 동률을 이뤘는데, 노르웨이는 다득점에서 밀려 아쉽게 탈락했다. 전천후 수비수로 활약하며 팀에 기여한 알프잉에 홀란드의 지분 역시 상당하다고 볼 수 있었다. 동시에 알프잉에 홀란드는 축구선수들이 선망하는 리그 중 하나인 잉글리시 프리미어리그(EPL)에서 뛰었다. 이를 통해 그의 아들 엘링 홀란드에게 영감을 줬다.

홀란드의 아버지 알프잉에 홀란드는 1972년 노르웨이 브뤼네에서 태어났다. EPL에 입성하는 대부분의 스타들이 그러하듯 홀란드는 지역 내에서 알아주는 선수였다. 그는 노르웨이 고향팀 브뤼네 FK에 1990년 입단했고 이후 해당 팀 활약을 바탕으로 1993년 노팅엄 포레스트에 이적하며 EPL 입성에 성공했다.

알프잉에 홀란드의 노팅엄 이적은 그의 가치가 축구계에서도 인정받았다는 의미가 된다. 그를 EPL로 데려온 이가 명장 브라이언 클러프였기 때문이다. 말년은 좋지 않았지만 클러프 감독은 시대가 인정한 명장이었다. 그런 그에게 눈도장을 받았다는 것은 알프잉에 홀란드의 재능을 알게 했다. 알프잉에 홀란드의 이적을 주도했던 클러프 감독이 성적 부진으로 떠나게 됐지만, 부상하는 선수 알프잉에 홀란드에게 걸림돌은 되지 않았다. 알프잉에 홀란드는 프랑크 클락 감독하에서 순조롭게 EPL에 적응하며 성장했다. 알프잉에 홀란드는 노팅엄에서의 활약을 바탕으로는 1997년 한 단계 더 도약을 하게 된다. 리즈 유나이티드로 이적, 새로운 도전에 나서게 된다. 알프잉에 홀란드 입성 직전 시즌 리즈는 명문의 이름에 걸맞지 않게 11위라는 초라한 성적을 거뒀고, 팀 쇄신을 위해 새로운 선수가 필요했다. 그런 리즈의 선택이 홀란드였다.

알프잉에 홀란드를 그의 소속팀 후배 다비드 실바나, 대표팀 후배 마르틴 외데고르처럼 기술적인 미드필더라고 보기는 어려웠다. 하지만 팀에 꼭 필요한 톱니바퀴 같은 선수였다. 성실한 움직임으로 필드 곳곳에서 수적 우위를 만들어 내고, 수비형 미드필더로 상대 공격을 차단하기 위해서는 자신의 몸을 아끼지 않았다. 미드필더로만 활약한 것도 아니었다. 센터백과 풀백이 모두 소화 가능한 알프잉에 홀란드였고, 그 때문에 전천후 수비수로도 뛰었다. 팀이 필요로 하는 곳이 어디든 들어가, 승리를 위해 모든 것을 바치는 선수가 알프잉에 홀란드였다.

축구에서 강한 팀을 구축하기 위해서는 최고의 기술을 가진 마에스트로(지휘자)를 필요로 한다. 하지만 모두가 지휘자가 될 수는 없다. 설령 모두가 지휘자가 될 수 있다고 하더라도 그런 팀이 잘 굴러갈 리 만무하다. 누군가 지휘자를 맡는다면, 다른 누군가는 그 지휘자를 돕는 이가 필요하다. 알프잉에 홀란드는 팀 동료들에게 도움을 주는 선수였고, 그 부분에서 스페셜리스트였다. 팀에 없어서는 안 될 존재였다. 궂은일을 넘어 험한 일까지 마다하지

않는 헌신적인 선수였다. 기본적으로 수비력이 준수했고 소속팀에 모든 것을 바치는 열정을 보여 줬다.

리즈는 알프잉에 홀란드 입성 후 리그 순위가 5위, 4위, 3위로 상승일로를 걷는다. 단 3년 간의 리즈 생활에도 팬들이 그를 높게 평가하는 이유다.

유명한 로이 킨과의 충돌도 그런 상황에서 나온 일이었다. 맨체스터 유나이티드에서 전성기를 보낸 킨은 잉글리시 프리미어리그(EPL) 베스트11을 뽑을 때 최고의 중앙 미드필더로 손꼽히는 선수다. 환상적인 능력과 별개로 경기장 위에서 이성을 잃은 모습을 보여 주기도 했다. 리즈와 맨유 소속으로 맞붙었던 1997년과 맨시티와 맨유 소속으로 맞붙었던 2001년 두 선수는 서로 깊은 태클을 주고 받고, 또 쓰러진 상대에게 일어나라고 다그치며 악연을 형성하게 된다.

알프잉에 홀란드는 리즈 생활 막판부터 왼쪽 무릎 부상에 시달렸다. 이로 인해 신예들로 개혁을 진행하는 리즈를 떠나 맨시티로 떠나게 됐다. 알프잉에 홀란드는 몸만 성하다면 팀에 기여할 수 있는 선수였으나, 그의 왼쪽 무릎이 이를 허락하지 않았다. 그는 맨체스터 시티에서 핵심 선수의 상징인 주장 완장을 찬 적도 있었지만, 고질병이었던 왼쪽 무릎 부상이 깊어지며 맨시티에서 오래 활약을 이어 가지는 못했다. 2003년 맨시티를 떠나면서 은퇴를 선언하게 됐다. 어떻게 보면 알프잉에 홀란드의 커리어가 빼어난 커리어는 아닐 수 있다. 하지만 아기 홀란드에게 아버지 홀란드를 향한 응원 소리는 큰 자극으로 남았다. 그리고 아버지가 EPL에서 쌓은 경험과 이야기들은 빅리그라는 꿈을 향해 달려가는 엘링 홀란드라는 소년의 마음에 불을 지피게 된다.

고대 로마의 장군으로 카르타고와의 포에니 전쟁에서 조국을 승리로 이끈 스키피오 아프리카누스가 있었다. 스키피오 아프리카누스는 17세의 나이에 아버지 푸블리우스 코르넬리우스 스키피오를 따라 전쟁터를 누볐다. 이때의 경험들은 스키피오 아프리카누스가 고대사 최고 명장으로 꼽히는 상대국의 한니발 바르카를 자마 전투에서 꺾도록 돕는다.

엘링 홀란드도 비슷했다. 객관적 의미의 최고라고는 하기 어려워도, 아버지가 어렵게 싸우며 지켜 내고 이뤄 낸 커리어는 분명 소년 엘링 홀란드에게 영향을 줬다. 아버지의 피, 땀, 눈물은 엘링 홀란드가 향후 EPL 최고의 선수로 발돋움하는 것에 밑거름이 되고 있었다.

아버지가 아니었다면,
지금의 나는 존재하지 않았을 것입니다.

저는 제 아버지의 아들이라는 것이
자랑스러워요.

03

'트리플 해트트릭' 한 경기 9골 득점왕

딱 한 경기면 충분했다.

축구라는 스포츠는 최상위 대회로 꼽히는 월드컵 외에도 대륙별, 연령별, 성별로 대회가 잘 갖춰져 있다. 각 선수는 자신의 위치에 따른 대회에서 자신의 진가를 보여 줄 수 있다. 또 그런 각 대회가 어느 정도 흥행하고 있다는 것은 축구의 인기를 보여 주는 요소 중 하나다. 그런 대회들 중에서 국제축구연맹(FIFA) 남자 20세 이하(U-20) 월드컵은 많은 주목을 받는 대회다. 왜냐하면 여기서 활약한 선수들이 훗날 축구계를 주름잡는 스타들로 성장하는 경우가 많았기 때문이다. 1979년 대회 골든볼(최우수 선수) 디에고 마라도나가 그러했으며, 2005년의 대회 골든볼 리오넬 메시가 또 그러했다. 이 외에도 1987년 대회 골든볼 로베르트 프로시네츠키, 1993년 대회 골든볼 아드리아누, 2007년 대회 골든볼 세르히오 아구에로 등이 스타로 성장한 케이스다.

그런 U-20 월드컵 역대 대회들 중 2019년 폴란드에서 열렸던 U-20 월드컵은 우리나라 축구 팬들에게 가장 각인된 대회라고 볼 수 있다. 대한민국 대표팀이 준우승 위업을 달성했고, 이강인이 대회 최우수 선수로 골든볼을 수상했기 때문이다. 이강인을 비롯한 한국 선수들 외에도 이 대회에서 자신을 축구계에 알린 선수가 또 있었으니, 바로 엘링 홀란드다.

노르웨이 대표로 2019 FIFA U-20 월드컵에 참여한
홀란드는 아버지가 2003년 은퇴한 이래 잊혀 가던
'홀란드'라는 성을 축구계에 다시 각인시킨다. 우루과이,
뉴질랜드, 온두라스와 함께 C조에 속한 노르웨이였다. 당시
RB 잘츠부르크 소속으로 일찍부터 이름을 알렸던 홀란드는
조별리그 3경기 모두에서 붙박이 최전방 공격수로 뛰었다.
하지만 이 대회에서 홀란드가 버틴 노르웨이의 팀 성적이
좋은 것은 아니었다. 먼저 노르웨이는 첫 경기에서
우루과이에 1-3으로 패배했다. 홀란드는 우루과이전에서
향후 잉글리시 프리미어리그(EPL)에서 맞붙게 되는 다르윈
누녜스의 득점을 지켜봐야만 했다.

두 번째 경기 역시 좋지 않았다. 뉴질랜드에 0-2로
영봉패를 당했다. 이 패배로 노르웨이의 자존심은 무너졌고,
일찌감치 토너먼트행(16강행)이 좌절됐다. 그러나 홀란드가
포함된 노르웨이는 3차전 온두라스전에서 자신들의 진가를
보여 줬다. 노르웨이는 조별리그 3차전에서 온두라스를
무려 12-0으로 대파했다. 상대 퇴장이 나오기는 했지만
축구가 아닌 야구 스코어라고 해도 믿을 수 있는 점수였다.
홀란드는 이 경기에서 그야말로 득점 기계의 모습을 보여
주며 9골을 폭발시켰다. 널리 알려져 있듯 3골을 넣으면
해트트릭이라 칭하는데, 이 3배인 9골로 트리플 해트트릭을
완성한 것이다.

전반 7분 옌스 페테르 하우게의 크로스를 왼발슛으로 밀어
넣은 것이 시작이었다. 전반 20분 토비아스 뵈르케이가
상대 박스 앞으로 보낸 롱패스를 앞으로 잡아 둔 뒤
스프린트 후 골망을 흔들었다. 전반 36분에는 직접 얻어 낸
페널티킥을 성공시키며 자신의 세 번째 득점이자, 팀의 네
번째 득점을 뽑아냈다. 전반 43분에 다시 한번 하우게의
크로스를 받아 강력한 슛으로 골망을 흔들었다. FIFA는
하이라이트를 통해 이 장면에 대해 "너무나 쉽게 골을
넣는다"며 감탄의 논평을 할 뿐이었다.

후반에도 골 폭풍은 이어졌다. 후반 4분 홀란드는 상대 박스
왼쪽에서 하우게가 연결한 공을 받았다. 홀란드가 드리블
후 슛한 공이 골라인을 넘었고, 스코어는 7-0이 됐다. 그의
이날 다섯 번째 득점이었다.

후반 22분에는 골문 앞에서 크리스티안 토르스트베트의
크로스를 발로 침착히 밀어 넣으며 득점했다. 이전 5개의
골과 다르게 이번에는 오른발로 만든 득점이었다. 후반
32분 하콘 에브옌의 크로스를 차 넣었다. 후반 43분 다시
에브옌의 패스를 받아 드리블 후 골을 넣었다. 마지막으로

단짝 하우게를 거친 공을 잡아 강력한 슛으로 트리플
해트트릭을 만들었다.

연령별 무대이기도 하고, 일찍 클럽 1군에 자리 잡은
선수들은 불참하기도 하는 U-20 월드컵이지만, 그래도
명실상부 향후 최고의 재능들이 모이는 무대. 그런
무대에서 홀란드는 기록 파괴자이면서 경이적인
공격수임을 만천하에 보여 준 것이다.

2020년 9월 홀란드는 사커 바이블과의 인터뷰에서 "당시
9골이나 득점했고, 자비 없는 모습이었다. 상대 팀에 대해
동정심은 들지 않았나?"라는 질문을 받기도 했다. 홀란드는
"물론 조금 그런 마음이 들긴 했어요. 하지만 저는 그것보다
항상 더 많은 것을 바라고, 항상 더 많은 성취에 굶주려

있습니다. 그게 엘링 홀란드라고 할 수 있습니다"라고
회고한 바 있다.

홀란드는 온두라스전 9골로 대회 득점왕을 달성하며
골든슈(득점왕에게 주어지는 트로피)를 차지했다.
노르웨이는 조별리그 탈락으로 토너먼트에 진출하지
못했기에. 토너먼트에 진출한 팀들에 비해 최소 1경기에서
최대 4경기를 덜 치렀다. 그럼에도 불구하고 홀란드는
온두라스전에서 보여준 압도적인 득점력으로 득점왕에
오른 것이다.

20세 이하 월드컵을 포함한 청소년 연령별 월드컵은 물론
우승이라는 결과도 중요하지만, 대회에서 보여 주는 선수의
자질도 마찬가지로 중요하다. 연령별 대회의 성적도 좋지만,

선수의 궁극적인 목표는 성인 대회이기 때문이다. 그렇기에
우승을 달성하면 좋지만, 그러지 못하더라도 자신의 실력을
보여 주면 축구계의 주목을 받을 수 있는데 홀란드가 그런
사례였다.

대회 전과 대회 후의 홀란드는 여전히 하루하루 어제보다
발전하기 위해 모든 노력을 쏟아붓는 선수였다. 하지만
대회 이후 같은 마음가짐의 그를 향한 주목도는 천지개벽
수준으로 달라졌다. 전 세계가 그가 어떤 선수인지
궁금해하기 시작했다. 홀란드가 단 한 경기 만에
자신의 능력을 보여 주며 자신을 향한 축구계의 관심을
증폭시켰다.

ELITESE RIEN

노르웨이 축구 리그의 최상위 리그는 엘리테세리엔이라고 통칭한다. ▮ 1938년 각 지역 리그 챔피언들이 플레이오프를 통해 우승을 가리는 노르게세린엔을 만들었고, 그것을 모로로 한다. ▮ 계속해서 변화를 가져오다 1963년에 10개 팀으로 구성된 단일 최상위 리그가 구성됐다. 명칭은 1.디비전이었다. ▮ 1990년 노르스크 티핑이라는 회사를 메인 스폰서로 하는 티펠리가엔으로 재출범했다. ▮ 2009년 16팀으로 참가 팀 수가 늘어났고, 2017년부터 스폰서 이름을 리그에서 배제하기로 하면서 엘리테세리엔으로 이름을 변경했다. ▮ 엘리테세리엔은 4월부터 11월까지 춘추제로 진행된다. ▮ 1937년 이후를 기준으로 로센보르그가 26회로 최다 우승을 기록하고 있는 팀이다. ▮ 2023년 기준 우승팀은 UEFA 챔피언스리그 2차 예선 출전권을 얻는다. ▮ 리그가 진행되는 방식은 한 팀이 다른 15개 팀과 홈 앤 어웨이로 경기를 치러 각 클럽당 30경기를 치르는 방식이다. 고로 한 시즌에는 240경기가 열린다. ▮ 노르웨이 헌법 기념일인 5월 17일 전에 진행되는 라운드는 축구 국경일로 취급돼 일반적으로 관중이 더 많은 편이다.

NORWAY

북유럽의 스칸디나비아 반도에 위치한 입헌군주제 국가다. ▌수도는 오슬로. 원유 수출량 세계 10위의 산유국이면서 경제가 아주 발달한 나라다. ▌2023년 기준 13년 연속으로 민주주의 지수 1위를 차지하고 있다. 또 취약국가지수에서는 179개국 중 꼴찌를 기록할 정도로 대표적인 청렴 선진국이다. ▌국호는 노르웨이어로 노르게 혹은 노레그다. 하지만 이는 고대 노르드어로 북쪽으로 가는 길을 뜻하는 노르드베그르 *Norðvegr* 의 축약형인 노레그르 *Noregr* 에서 유래한 것이다. 노르웨이가 유럽 지중해 북쪽에 위치한 것에서 연유한 국호다. 다만 세계적으로는 노레그르 *Noregr* 를 영어식으로 표기한 노르웨이 *Norway* 로 국호가 통용된다. ▌노르웨이의 서부 해안가는 대체적으로 1년 내내 늦가을에서 초봄 날씨를 보이는 서안 해양성 기후이고, 수도 오슬로를 비롯한 동부 내륙 지역은 대체적으로 냉대 습윤 기후를 띤다. ▌상대적으로 넓은 영토에 비해 5백만 명 안팎의 적은 인구를 가지고 있다. 천혜의 자연환경이 관광객들에게 큰 매력으로 다가오는 국가다. ▌복잡한 역사를 가지고 있는 노르웨이는 호콘 1세 시절 함대들을 국왕 직할로 회수하고, 지방 행정제도를 개편해 국가의 기틀을 다졌다. 이후 내전과 스웨덴, 나치의 지배 등 어려운 시간도 있었지만 극복했다. ▌제2차 세계대전 이후 경제적으로 많은 발전을 이뤘다. 1969년 북해 유전이 발견되고, 오일 쇼크 사태가 터지면서 경제적으로 더욱 발전했다. ▌문화 면에서도 강한 인상을 주는 국가다. 음악적으로 헤비메탈과 재즈의 천국으로 알려져 있다. 미술에서는 절규로 유명한 에드바르 뭉크를 배출하기도 했다. ▌스포츠적인 관점에서는 동계 올림픽의 지배국으로 통한다. 우리나라에서 열렸던 2018년 평창 동계올림픽에서 금메달 14개에다 합계 메달 수에 앞서며 1위를 차지했다. 2022 베이징 동계 올림픽에서도 금메달 16개, 은메달 8개, 동메달 13개, 합계 37개의 메달로 1위에 올랐다. 역대 동계 올림픽 최다 종합 우승국(9회)일 정도로 동계 스포츠에 강하다. ▌하계 스포츠도 동계만큼은 아니지만 선전하고 있다. 특히 축구 쪽에서는 올레 군나르 솔샤르, 욘 아르네 리세, 마르틴 외데고르, 엘링 홀란드 등 스타들을 계속 배출하고 있다.

TOPIC

일

홀란드

Who is
엘링 홀란드?

규격 외의 득점 기계라는 말이 너무나 잘 어울리는 선수. 홀란드의 모든 것은 득점을 위한 무기가 된다. 빠른 스피드, 환상적인 침투, 자비 없는 결정력, 탄탄한 피지컬. 그야말로 모든 것을 갖춘 선수다. 축구계에서 많은 찬사가 그의 몫이다. 영국 리즈에서 태어난 홀란드는 천천히 단계를 밟으며 성장해 왔다. 2019년 20세 이하 월드컵에서 득점왕을 거머쥐며 주목받기 시작했다. 이후 RB 잘츠부르크, 보루시아 도르트문트를 거쳐 맨체스터 시티에 합류해 활약 중이다. 첫 시즌이었던 2022/23시즌 트레블을 포함, 팀의 승승장구에 기여한 그는 팀 타이틀과 개인 타이틀을 가리지 않고 쓸어 담고 있다. 시대의 지배자가 돼 계속해서 칭송받을 만한 가능성이 충분한 선수다.

알을 깬 순간!

홀란드에게는 많은 분기점이 있었다. 몰데에서 올레 군나르 솔샤르와 함께하며 실력이 일취월장한 일, 20세 이하 월드컵에서 득점왕에 오른 일. RB 잘츠부르크서 UCL 활약으로 주목받은 일. 하지만 이제는 펩 과르디올라 감독과의 만남을 빼놓을 수 없게 됐다. 2022년 당시 홀란드는 많은 팀의 구애를 받고 있었다. 하지만 아버지의 팀이자, 자신에게 적극적이었던 맨체스터 시티행을 택했다. 당시 홀란드를 향한 위험 요소가 없는 것은 아니었다. 잦아진 부상 등이 대표적이었다. 과르디올라 감독은 홀란드를 철저히 관리하며 부상을 없앴다. 여기에 더해 홀란드를 팀에 완전히 녹아들게 하며 잠재력을 끌어 낼 수 있도록 도왔다. 과르디올라 감독을 만난 뒤 홀란드는 개인 타이틀과 팀 타이틀을 그야말로 휩쓸기 시작했다.

2019 타이틀 수상자
홀란드·이강인·루닌 높은 곳으로

세 선수가 알을 깨고 높은 곳으로 나아갔다. 2019 국제축구연맹(FIFA) 20세 이하 월드컵은 많은 이야깃거리를 남기며 끝났다. 대회가 끝난 이후 각 부분의 타이틀 홀더도 결정됐다. 골든 부트, 골든 글러브, 골든 볼(MVP) 영광스러운 개인 타이틀 세 자리를 차지한 선수는 바로 엘링 홀란드, 안드리 루닌, 이강인이었다. 연령별 대회에서의 성공이 곧 성인 무대에서의 성공으로 연결되는 것은 아니다. 연령별 대회의 스타들이 성인 무대에서 두각을 나타내지 못하고 스러지는 경우도 상당하다. 하지만 2019 U-20 타이틀 홀더들은 정상으로 나아가고 있다. 유럽 축구의 중심으로 나아가고 있는 세 선수. 그리고 그런 세 선수에게는 역경을 극복하고 전진하게 해 준 '알을 깬' 순간이 있었다.

Who is
안드리 루닌?

환상적인 반사 신경을 자랑하는 골키퍼. 이를 통해 끝까지 상대의 슛을 확인하며 선방을 해낸다. 또 상대 장신 선수들 틈바구니로 들어가 공중볼을 처리하는 것을 두려워하지 않는다. 2023/24시즌 유럽축구연맹UEFA 챔피언스리그 8강 2차전에 선발 출전한 루닌은 디펜딩 챔피언 맨체스터 시티의 소나기 슛을 막아 낸다. 이후 돌입한 승부차기에서도 베르나르두 실바와 마테오 코바치치의 슛을 방어하며 팀을 4강으로 이끌었다. 이는 레알 마드리드의 우승에 큰 역할을 했다. "저는 전쟁 중인 우크라이나에 대해 모든 방면의 지원을 할 것입니다"라고 말하는 그는 조국의 희망이다. 레알과 우크라이나의 골문을 든든히 지키는 그의 행보가 앞으로 더 기대되는 상황이다.

알을 깬 순간!

커리어 초기부터 주목받았던 루닌은 2018년 세계 최고의 구단 중 하나로 평가받는 레알 마드리드에 합류한다. 2019년 20세 이하 월드컵 맹활약에도 레알 마드리드 No.1 골키퍼의 자리는 거대한 벽이었다. 케일로르 나바스, 티보 쿠르투아 등 훌륭한 골키퍼들의 존재로 인해 그는 No.2 골키퍼 역할을 하거나, 임대 생활을 전전해야 했다. 특히 2019년에는 레알 바야돌리드로 임대를 갔는데 단 2경기 출전에 그치며 힘든 시간을 보내기도 했다. 하지만 2023/24시즌 쿠르투아의 부상으로 루닌은 레알의 골문을 지키게 됐다. 8강 2차전 맹활약 등으로 2023/24시즌 레알의 UCL 우승에 일조했다. 이를 통해 자신이 빅클럽에서도 통할 수 있음을 보여 줬다.

Who is 이강인?

한국이 낳은 희대의 테크니션이다. 놀라운 드리블 능력을 바탕으로 한 환상적인 탈압박 능력에 빼어난 패스까지 겸비한 선수다. 자신에게 달려드는 수비수들을 녹인 뒤 킬러 패스를 만드는 모습은 가히 발군이다. 이강인은 2007년 한국의 공영방송 KBS의 '날아라 슛돌이'를 통해 어린 나이부터 주목받았다. 이후 2011년 스페인으로 건너가 발렌시아 CF 유스 팀에 입단했다. 월반을 거듭한 그는 발렌시아 1군 데뷔에도 성공했다. 2019년 18세 218일의 나이 만에 1군 데뷔골을 신고하며 발렌시아 외국인 선수 역사상 최연소 득점 기록을 갈아 치우기도 했다. 2021년 레알 마요르카 이적 이후 더 성장한 이강인은 2023년 프랑스 명문 파리 생제르맹 FC에 입성해 맹활약 중이다. 연령별 대표팀도 폭격한 이강인은 2019년 성인 대표팀 데뷔 이후 핵심으로 활약하고 있다.

알을 깬 순간!

2021년 당시 이강인은 발렌시아 내 최고로 꼽히는 유망주였지만, 많은 출전 시간을 보장받지는 못하고 있었다. 이런 상황에서 발렌시아가 브라질 공격수 마르쿠스 안드레를 영입하기로 결정했다. 라리가는 비유럽 선수의 스쿼드 등록에 있어 인원 제한이 있다. 발렌시아는 안드레를 등록하기 위해 이강인을 매각하는 결정을 내렸다. 당시 이강인에게는 복수 팀의 제의가 있었다. 하지만 이강인은 자신이 뛰며 성장할 수 있으며, 오랫동안 살아 적응 문제가 없는 스페인의 마요르카를 택했다. 이름값 등 다른 요소는 배제하고, 본인의 축구 인생을 생각하고 내린 결정이었다. 이는 신의 한 수가 됐다. 2021년 이적 후 팀에 녹아든 이강인은 2022/23시즌 하비에르 아기레 감독 아래서 알을 깨고 잠재력을 폭발시킨다. 이강인은 마요르카에서 에이스 놀이를 하며 팀을 이끌었다. 이를 바탕으로 명문 파리 생제르맹 FC에 입단하고, 대표팀에서도 핵심으로 자리하며 본격적인 전성기를 열었다.

04

은사, 올레 군나르 솔샤르

"너 공을 머리에 제대로 맞히는 방법을 모르는구나?"

엘링 홀란드는 2005년 5세의 나이에 브뤼네 FK 유스 팀에 입단하며
축구선수 경력을 시작한다. 브뤼네 FK는 홀란드 부모님의 고향인 브뤼네에
위치한 클럽이다. 2015년 브뤼네 FK의 리저브 팀이자 노르웨이 4부에
해당하는 브뤼네 FK 2에서 14경기 18골로 잠재력을 보여 줬다.
2016년 브뤼네 감독 가우트 라르센이 경질되고, 그 자리를 유스 코치 알프
잉베 베른센이 감독 대행으로 채우게 됐다. 베른센은 유스에서 눈여겨보던
홀란드를 1군 팀에 콜업했고, 홀란드는 2016년 16세의 나이로 노르웨이
2부 리그 브뤼네 FK에서 데뷔했다. 홀란드는 첫 16경기에서 무득점에
그쳤지만, 그의 남다른 움직임은 자국 명문의 흥미를 끌기 충분했다.
가능성을 보여 준 홀란드는 2017년 노르웨이 명문팀인 몰데 FK로
이적했다. 이것이 홀란드의 극초반 클럽 커리어였다.
물론 10대의 나이에 노르웨이 명문팀에서 뛰게 된 것은 영광이었다.
하지만 동시에 이것이 축구계 최정상에서 성공하게 될 것이라고 보장하는
것은 아니었다. 최상위 리그일수록 최고의 선수들만이 살아남는 피라미드
구조다. 홀란드와 같이 좋은 출발을 보인 선수들 중 많은 수가 어린 시절의
잠재력을 폭발시키지 못하고 커리어를 마감한다.
홀란드는 좋은 출발을 보였지만, 앞으로를 위해 많은 것이 중요했던
시기였다. 그 시기에 홀란드가 은사 올레 군나르 솔샤르를 만난 것은
행운이었다.
올레 군나르 솔샤르. 노르웨이 축구계의 레전드 공격수다. 1998년
월드컵에서 노르웨이의 16강 돌풍에 기여한 선수다. 1998/99시즌에는
맨체스터 유나이티드의 트레블(3관왕)에 중요한 역할을 수행했다. 홀란드가
2017년 이적한 당시 몰데의 감독이 바로 지도자로 변모한 솔샤르였다.
2023년 1월 잡지 GQ와의 인터뷰에 따르면 몰데에서 솔샤르가 홀란드를
만난 뒤 한 첫 말은 "너 공을 머리에 (제대로) 맞히는 방법(헤더)을
모르는구나"였다. 솔샤르는 직접 홀란드에게 크로스를 올려 주며 헤더 능력
향상을 도왔다. 여기에 더해 그간의 경험을 홀란드에게 이식하며 그가 더 큰
공격수가 될 수 있도록 도왔다.

이뿐만 아니라 솔샤르 감독은 아직 젊고 유망한 공격수일 뿐이었던 홀란드를
중용했다. 특히 몰데에서의 두 번째 시즌인 2018시즌에 30경기에 출전시키며
믿음을 줬다. 홀란드 역시 16골을 기록하며 솔샤르 감독의 믿음에 보답했다.
은사 솔샤르 감독 아래서의 성장은 홀란드가 RB 잘츠부르크로 이적하며, 고국
무대를 떠나 새로운 도전에 나서는 길을 열어 줬다.

사실 결과만 놓고 보면 큰 어려움이 아니었던 것으로 보이지만, 절대 그렇지
않았다. 지난 2021년 솔샤르는 영국 언론 '스카이 스포츠'가 진행한 팬들과의
Q&A 시간에 홀란드와의 인연에 대해 이야기했다. 그 과정에서 솔샤르 감독은
"홀란드는 몰데 시절 심각한 무릎 부상을 안고 있었습니다"라고 말했다.
몰데에서 뛰는 그 시기만 생각해 보면 홀란드는 심하게 말해 보잘것없어
보이는 유망주일 뿐이었다. 합류 전 노르웨이 2부 리그에서도 무득점이
길었고, 시한폭탄과 같은 무릎 부상을 안고 있으며, 몰데 합류 이후에도 불안한
출발로 미래를 장담할 수 없는 선수. 하지만 은사와 함께 홀란드는 달라졌다.

홀란드는 2023년 9월 골닷컴UK와의 인터뷰에서 솔샤르 감독과 함께하면서
이뤄 낸 성장을 회고했다. 홀란드는 "당시는 훈련을 열심히 함에도 잘 안
풀리던 시절이었습니다. 솔샤르 감독님은 나에게 원터치 마무리부터 시작해
몇몇 비법을 가르쳐 주셨어요. 상대 골문 앞에서의 침착한 마음가짐에
대해서도 알려 주셨죠. 이후 SK 브란과의 경기에서 21분 만에 4골을 넣었고,
전환점이 됐습니다. 솔샤르 감독님은 저의 변화(성장)에 있어 많은 인정을
받으셔야 합니다"라고 말했다. 인터뷰가 이뤄진 2023년에 홀란드는 맨체스터
시티 선수였다. 솔샤르는 맨유 감독을 맡은 후 야인으로 돌아간 상태였다.
홀란드가 솔샤르 전 감독에게 감사함을 표현한다면 라이벌 팀의 전 감독에게
경의를 표하는 셈이 되는 상황이었다.

홀란드는 라이벌 팀의 전 감독에 대한 찬사를 보내 받을 수 있는 곤란함보다.
옛 스승에 대해 감사함을 더 생각하며 솔샤르 전 감독을 그렇게 극찬했다.
홀란드가 솔샤르 전 감독에게 느끼는 감정을 알 수 있는 부분이다. 물론
홀란드의 역경을 이겨 낼 수 있었던 것에는 본인의 지분도 상당했다. 솔샤르
감독은 홀란드에 대해 이야기하며 "홀란드의 몰데 초기에 그의 부상에 대해
알게 됐지만, 동시에 홀란드가 가진 강인한 성격에 대해서도 알 수 있었습니다.

당시 경합으로 우리 팀 거구의 센터백과 미드필더를 동시에 쓰러뜨렸습니다. 그 직후 홀란드는 두 선수에게 '일어나세요'라고 말하더군요. 그 일화에서 알 수 있듯 홀란드는 타고난 리더이자, 강한 사람입니다. 현재는 모두에게 자신이 얼마나 좋은 선수인지 직접 보여 주고 있기도 하죠"라며 일화를 들려줬다.

이어 "이후 제니트 상트페테르부르크와 유로파리그 플레이오프를 치렀는데, 경기가 끝난 뒤 심판이 제게 다가와 '저 선수(홀란드) 나중에 유럽축구연맹(UEFA) 챔피언스리그에서 볼 수 있을 것 같군요'라고 말하더군요. 우리 모두는 그것이 실현된 것을 보았고요. (역경을 이기고 자신을 증명했다는 점에서) 홀란드는 환상적인 정신력을 가지고 있다고 할 수 있습니다. 저는 홀란드 아버지(알프잉에 홀란드)와 같이 뛰어 봤고, 그는 약간 올드 스쿨(구식)이지만, (엘링 홀란드와 마찬가지로) 존중받아 마땅한 정신력을 가지고 있었죠. (아빠를 닮은) 엘링 홀란드는 위너입니다"라고 설명했다.

누구나 좌절의 시기는 있다. 그 좌절이라는 것이 노력 부족 등 본인에게서 오는 경우도 있지만 환경 변화 등 외부적 요인에서 오는 경우도 있다. 홀란드에게 몰데 초창기는 좌절의 시절이었다. 노력에도 돌파구를 찾기 힘들었던 그 시절. 은사 솔샤르는 홀란드에게 자신의 비법을 숨김없이 전해 줬고, 홀란드는 그런 스승의 가르침을 잘 따랐다. 덕분에 홀란드는 한 경기 4골을 만들며 슬럼프를 일시적인 것으로 마무리하고, 한 단계 더 도약하게 됐다.

CESARE MALDINI

COLUMN "이제 아버지 아들로 태어난 것 후회 안 하지?" 전 국가대표 풀백 차두리는 대표팀 은퇴 경기를 마치고 라커룸으로 향했다. 그곳에는 현역 시절 대한민국 축구의 전설이었으며 차두리의 아버지인 차범근 전 감독이 있었다. 차범근 전 감독을 차두리를 향해 "이제 아버지 아들로 태어난 것 후회 안 하지?"라며 웃었다고 전해진다. 그런 아버지로 아들은 미소를 지으며 포옹했다. 아버지와 아들, 같은 꿈을 이루는 관계다. 아버지란 아들이 누구에게는 조경의 대상일 것이다. 또 누군가에게는 상처 의 근원일 수 있다. 다만 분명 대부분의 이들의 삶을 위해 희생할 것이다. 축구선수 아버지를 누었다는 것은 강점이과 동시 에 약점이 된다. 아버지의 좋은 DNA를 받고, 아버지의 경험과 거름삼아 영화할 수 있는 가능성이 있다. 하지만 반대로 아버지의 약점과 겹침이 비교당하고, 다른 이들에게 견제와 무시를 받기도 한다. 올림픽 무대를 포함해 축구계에도 부자가 같은 길을 걷는 경우가 많다. 그중에서도 많은 주목을 받았던 축구 부자들이 있다.

PAOLO MALDINI

기억을 만드는 남자, 세수를

최고의 축구 명가
체사레 말디니 & 파올로 말디니

체사레 말디니는 1960년대 이탈리아 대표팀과 AC 밀란을 대표하는 위대한 수비수였다. 지금도 이탈리아 대표팀을 상징하는 표현이 된 카테나치오(빗장) 수비의 중심이었다. 4번의 세리에 A 우승, 1962/63시즌 AC 밀란의 첫 유러피언컵 우승(UEFA 챔피언스리그의 전신)에 기여했다. 아들이 생긴다고 하더라도 그런 아버지를 넘는 것은 불가능해 보였다. 하지만 그런 일이 일어났다. 체사레 말디니의 아들 파올로 말디니는 수식어가 필요 없는 최고의 수비수 중 한 명이다. 특히 풀백으로 한정하면 역대 그를 넘을 수 있는 선수가 없다는 평가다. AC 밀란의 상징 그 자체인 파올로 말디니는 24년간 원클럽맨으로 팀과 호흡했으며, 이 과정에서 숱한 우승컵을 들어 올렸다. 이탈리아 대표팀에서도 주축으로 활약했다. 체사레 말디니, 파올로 말디니는 1998년 프랑스 월드컵에서 아버지는 감독으로, 아들은 선수로 참여해 부자가 월드컵에 동반 출전하는 진기록을 만들기도 했다. 또 파올로 말디니의 아들 다니엘 말디니도 AC 밀란에 입단해 득점하면서 3대가 한 클럽에서 득점하는 기록도 썼다. 할아버지와 아버지는 손에 꼽는 전설적인 선수. 아들은 할아버지와 아버지에는 밀릴지 몰라도 세계 최고의 리그 중 하나인 세리에 A에서 활약하는 선수. 말디니家를 최고의 축구 명가로 부르는 이유다.

아버지의 유지를 잇다
발렌티노 마촐라 & 산드로 마촐라

1940년대 전성기를 맞았던 발렌티노 마촐라는 당시 세계 최고의 공격 자원이었다. 베네치아 FC에서 1940/41시즌 코파 이탈리아 우승을 견인했다. 이어 1942년 토리노 FC로 이적했다. 당시 토리노는 이탈리아를 넘어 세계 최고의 팀이라 평가받았다. 그런 그들을 수식하는 표현이 위대한 토리노라는 뜻의 그란데 토리노. 하지만 토리노는 1949년 수페르가의 비극이라는 비행기 사고로 토리노의 선수 18명이 사망한다. 그 안에 발렌티노 마촐라도 포함돼 있었다. 발렌티노 마촐라에게는 산드로 마촐라라는 어린 아들이 있었다. 산드로 마촐라는 아버지의 부재에도 훌륭한 축구선수로 성장했다. 산드로 마촐라는 이탈리아 명문 인터 밀란에 입단했다. 인테르는 엘레니오 에레라 감독하에 그란데 인테르라는 전성기를 맞이했다. 산드로 마촐라는 그 그란데 인테르의 중심이었다. 맹활약을 하며 한 팀의 전성기를 이끈 아버지처럼 아들 역시 역경을 이겨 내고 축구계 중심으로 우뚝 선 것이다.

아버지와 아들이
모두 골키퍼로
동화 같은 EPL 우승
페테르 슈마이켈 & 카스페르 슈마이켈

페테르 슈마이켈은 잉글리시 프리미어리그(EPL) 역사상 최고의 골키퍼로 평가받는 선수 중 한 명이다. 특히 1998/99시즌에는 환상적인 선방들을 만들어 내며 맨체스터 유나이티드의 트레블(3관왕)에 기여했다. 페테르 슈마이켈은 국가대표 경력도 화려하다. 1992년 산틀린 전방으로 덴마크 축구의 국제 대회 첫 우승인 유로 1992 우승을 만들었다. 그런 페테르 슈마이켈에게는 카스페르 슈마이켈이라는 아들이 있다. 카스페르 슈마이켈은 훌륭했던 아버지처럼 똑같은 포지션의 골키퍼를 맡았다. 맨체스터 시티에 입단한 그는 커리어 초반 좋지 못한 평가도 받았다. 당시 경쟁자였던 조 하트에게 밀려 벤치를 지키는 일도 많았다. 하지만 카스페르 슈마이켈은 포기하지 않고 계속 노력하며 성장했다. 그리고 2015/16시즌 레스터 시티가 상대적으로 받던 낮은 평가를 뒤엎고 우승하는 것에 핵심 멤버가 됐다. 그뿐만 아니라 2020/21시즌 레스터의 FA컵 우승에도 기여했으며 아버지와 똑같이 덴마크 국가대표로도 활약하고 있다. 페테르 슈마이켈은 챔피언 중의 챔피언이면서도 2016년 레스터 우승 당시 "저는 이제 챔피언의 아버지가 됐습니다. 넘어질 때마다 일어나며 꿈을 이룬 아들이 자랑스럽습니다"라고 밝혔다. 아버지의 마음 그 자체였다.

축구 강국의 선수들
다른 여권
마지뉴 & 티아고 알칸타라

1994년 브라질은 다시 한번 월드컵에서 우승하며 세계 정상에 선다. 역시나 스포트라이트는 가공할 만한 위력을 보여 준 호마리우, 베베투 투톱에게 쏠렸다. 하지만 중원의 중심 둥가, 수비의 핵심 아우다이르, 골문을 지킨 클라우지우 타파레우 등 다른 선수들의 공헌도 컸다. 그리고 팀의 중심을 잡아 준 마지뉴도 있었다. 마지뉴는 수비형 미드필더와 풀백을 모두 소화하는 전천후 플레이어였다. 1994년 당시 브라질 대표팀에서도 알토란 같은 활약을 펼치며 팀의 우승에 공헌했다. 1994년 월드컵 8강 네덜란드전 당시 호마리우, 베베투와 함께했던 요람 셀레브레이션으로 기억하는 이들도 있다. 그런 마지뉴는 티아고 알칸타라와 하파에우 아우칸타라라는 두 명의 훌륭한 축구선수 아들을 뒀다. 두 선수 모두 미드필더로 명문 FC 바르셀로나에서 커리어를 시작해 좋은 모습을 보여 줬다. 형인 티아고 알칸타라가 동생 하파에우 아우칸타라보다 조금 더 좋은 모습을 보여 줬다. 특히 티아고 알칸타라는 2019/20시즌 FC 바이에른 뮌헨에서 팀의 6관왕에 기여하기도 했으며, 대표팀에서도 활약한 바 있다. 흥미로운 것은 티아고는 아버지와 달리 스페인 대표팀에서 활약했다는 것. 브라질인 아버지 마지뉴가 이탈리아에서 낳았고, 스페인 틸 때 성장기를 보낸 티아고 알칸타라다. 이에 브라질, 스페인, 이탈리아 대표팀을 모두 선택할 수 있었던 티아고 알칸타라는 스페인으로 향했다. 이에 아버지와 아들이 축구 강대국에서 활약했는데 여권이 다른 풍경이 펼쳐졌다. 물론 아버지와 아들의 국적이 다른 이런 상황이 아주 드문 것은 아니다. 조지 웨아(라이베리아)&티모시 웨아(미국) 부자 등도 이런 케이스다.

부자 모두
월드컵 결승을 경험
릴리앙 튀랑 & 마르쿠스 튀랑

1998년 프랑스는 자국에서 열린 월드컵에서 첫 우승을 거머쥔다. 결승에서 헤더로 2골을 터트렸던 에이스 지네 딘 지단이 중심이었지만 당시 프랑스 멤버들은 모든 포지 션에서 훌륭한 선수들을 보유하고 있었다. 특히 프랑스 는 빅상트 리자라쥐-로랑 블랑-마르셀 드사이-릴리앙 튀 랑으로 이어지는 철의 포백을 구축했다. 라이트백 튀랑은 4강전 크로아티아전에서 멀티골을 넣은 등 맹활약하며 팀 우승의 중심으로 활약했다. 그런 튀랑은 마르쿠스 튀 랑과 케프렌 튀랑이라는 아들을 가지고 있다. 튀랑의 아 들들은 빅리그에서 뛰며 아버지처럼 멋진 모습을 보여 주 고 있다. 특히 마르쿠스 튀랑은 프랑스 대표로 활약하며 2022 카타르 월드컵에서 조국의 월드컵 결승행을 돕기도 했다. 결승전에서 승리했다면 부자가 월드컵 결승에 각각 나서 모두 우승을 거머쥐는 기록을 만들 수 있었다. 하지 만 프랑스가 아르헨티나에 승부차기 끝에 패배하며 기록 달성을 다음으로 미루게 됐다.

대한민국의 전설들
차범근 & 차두리

차범근은 2023년을 기준으로 대한민국 역대 A매치 최 다 득점에 빛나는 레전드다. 클럽 커리어도 화려한데, 해 외 진출은커녕 해외행도 쉽지 않았던 1980년대에 최고 의 리그였던 분데스리가에서 맹활약했다. 중간에 군복무 를 이행하고 다시 독일로 날아가 맹위를 떨친 엄청나면서 도 희귀한 기록의 소유자다. 특히 아인트라호트 프랑크푸 르트와 바이어 04 레버쿠젠에서 여전히 레전드로 추앙받 는다. 차두리는 그런 차범근의 아들로 태어났다. 공격수 였던 아버지를 따라 공격수로 커리어를 시작했다. 2002 월드컵 멤버로 뽑혀 4강 신화에 일조하기도 했다. 아버지 처럼 분데스리가가 무대를 밟기도 했다. 하지만 공격수로서 아버지의 아성은 넘기 힘든 벽이었다. 훌륭한 아버지의 존재는 오히려 비교의 대상이 되며 차두리를 어렵게 했 다. 차두리는 2006년 최고의 명장 중 한 명인 위르겐 클 롭을 FSV 마인츠 05에서 만나게 됐다. 클롭은 차두리에 게 라이트백으로의 포지션 변경을 제안했고 이는 신의 한 수가 됐다. 차두리는 이후 대한민국 대표팀의 주축으로 활약하며 팬들을 기쁘게 했다. 흥미로운 것은 차두리는 2013년 FC 서울로 이적해 2년간 활약한 뒤 커리어를 마 감했다. 아버지가 지휘했던 수원삼성의 앙숙이 FC 서울 인데, 부자가 라이벌 팀에서 각각 감독과 선수로 몸담으 며 활약한 격이 됐다.

또 다른 부자들

언급된 부자들 외에도 축구계 부자들은 많다. 유럽 최고의 선수로 평가받는 요한 크루이프와 선수 및 행정가로 활약 중인 요르디 크루이프. 대를 이어 이탈리아 국가대표로 활약하고 있는 엔리코 키에사, 페데리코 키에사 부자. 아르헨티나의 정신적 지주였으며, 선수와 감독으로 모두 아틀레티코 마드리드의 레전드인 디에고 시메오네, 그런 그의 아들로 SSC 나폴리의 세리에 A 우승 멤버 지오반니 시메오네. 1994년 아기를 위한 요람 셀레브레이션을 한 베베투와 그의 아들 마테우스, AFC 아약스 암스테르담의 전설 다니 블린트, 데일리 블린트 부자. 가나 축구의 전설 아베디 펠레와 안드레 아이유, 조던 아이유 부자. 레알 소시에다드의 얼굴 페리코, 사비 알론소 부자. FC 바르셀로나의 라리가 우승을 만든 카를레스 부스케츠, 세르지오 부스케츠 부자. 루마니아의 게오르게 하지, 이아니스 하지 부자 등. 축구계에는 언제나 매력적인 축구 부자들이 가득하다.

하얀 장미

리즈 ⚪ 유나이티드

COLUMN 하얀 장미를 닮은 리즈 유나이티드는 많은 이들의 사랑을 받는 클럽이다. 잉글랜드 북부 요크셔험버지방의 자존심이자, 잉글랜드 주요 도시인 리즈의 상징과 같은 클럽 리즈 유나이티드. 과거 요크가의 상징이었던 하얀 장미를 상징으로 하는 리즈는 많은 역사를 만들었고, 지금도 팬들과 함께 한마음, 한뜻으로 호흡하고 있다. 홀란드의 아버지 알프잉에 홀란드가 뛰었던 곳이자, 엘링 홀란드가 태어나 응원하게 된 클럽. 리즈는 특유의 역사를 만들며 지금까지 왔다.

리즈 유나이티드의 시작

리즈는 1919년 10월 17일 창단됐다. 세일럼 채플이라는 리즈 중심부의 교회에서 도시 리즈의 축구 팀과 관련한 회의가 열렸다. 이 회의를 통해 리즈 창단을 위한 위원회가 구성되면서 첫발을 뗀 것이 지금의 리즈 유나이티드다. 리즈는 천천히 리즈 전체의 지지를 받는 축구 팀으로 성장해 나갔다. 초대 회장 힐튼 크로더가 앨런 로드를 매입해 그들의 보금자리로 삼았다. 도시 리즈 지지 속 리즈는 1920년 풋볼 리그에도 정식으로 참여하게 됐다. 리즈는 천천히 톱 레벨을 향해 나아갔다. 웨일스 축구 역사상 최고의 선수 중 한 명으로 꼽히는 잭 찰스를 앞세워 1955/56시즌 2부리그 준우승으로 1부 승격에도 성공했다. 리즈는 그렇게 천천히 중심으로 향했다.

돈 레비 감독과 에릭 칸토나, 두 번의 전성기

리즈는 1961년 돈 레비 감독이 부임하면서 본격적인 전성기를 맞이했다. 현재도 리즈 홈구장 앨런 로드 앞에 동상이 있는 스타 빌리 브램너와 맨체스터 유나이티드 전설 보비 찰튼의 형 잭 찰튼을 중심으로 팀을 만들었다. 그리고 마침내 1968/69시즌 팀 창단 후 처음으로 1부리그 우승을 달성했다. 이뿐만이 아니었다. 1972년에는 FA컵 우승을 거머쥐며 자신들이 정상에 설 수 있는 구단이라는 것을 다시 한번 보였다. 이후 잠시 주춤한 리즈지만, 1990년대 초반 또다시 하얀 장미의 아름다움을 잉글랜드 1부 리그에서 뽐내게 된다. 리즈는 1991/92시즌 하워드 윌킨슨 감독의 지휘 아래 에릭 칸토나, 고든 스트라칸, 게리 스피드 등을 앞세워 리그에서 맨체스터 유나이티드, 셰필드 유나이티드, 아스널 FC 등을 제치고 우승을 거머쥐었다.

UCL 4강 이후 꺾인 하얀 장미

1992년 잉글랜드 1부리그 풋볼 리그가 잉글리시 프리미어리그^{EPL}로 바뀌어 재출범했다. 우리가 아는 EPL의 시작이다. 리즈는 풋볼 리그 시절처럼 우승을 꿈꿨지만, 그들이 원하는 방향으로 전개되지는 않았다. 리즈는 2000/01시즌 엄청난 에너지를 뿜어내며 축구계를 매료시켰다. 피터 리즈데일 회장이 UCL에 진출한 리즈에 막대한 자금을 풀면서 선수 영입을 단행했다. 기존의 이언 하트, 게리 켈리, 해리 키웰, 조너선 우드게이트, 앨런 스미스 등에 리오 퍼디난드, 올리비에 다쿠르, 로비 킨, 리 보이어 등 좋은 선수진을 구성했다. 이들은 해당 시즌 UCL 4강에 오르는 기염을 통했다. 하지만 2000/01시즌 리그 4위로 2001/02시즌 UCL 진출에 실패했다. UCL 진출을 가정하고 지출을 한 상황이라, 높은 리즈 선수들의 이적료와 연봉은 고스란히 구단의 빚이 됐다. 결국 리즈는 선수들을 헐값에 매각하게 됐으며, 그 여파로 2003/04시즌을 끝으로 2부로 강등됐다. 하얀 장미가 꺾이는 사진은 리즈의 강등을 상징하는 장면이었다.

메시아 비엘사

리즈는 구단 정상화에 어려움을 겪었다. 2006/07시즌을 끝으로 3부 리그인 풋볼 리그 1까지 강등을 당하기도 했다. 빠르게 2부로 복귀하기는 했지만 번번히 1부 승격에는 실패했다. 승격 플레이오프에서 고배를 마시는 등 항상 몇 걸음이 모자랐다. 이런 상황에서 2018년 리즈는 광인 마르셀로 비엘사 감독이 부임했다. 천재적인 전술가 비엘사 감독은 특유의 압박 전술을 리즈에 입혔다. 비엘사호 플레이오프서 승격에 실패하는 한 번의 아픔은 있었지만, 2019/20시즌 챔피언십 우승으로 1부에도 복귀하게 됐다. EPL로 복귀한 2020/21 시즌 비엘사호는 9위를 기록하며 1부에서도 훌륭히 적응했다. 그간 리즈 팬들의 아픔이 씻기는 순간이었다. 지난 2020년 7월 영국 언론 〈미러〉는 승격 도전 중이던 비엘사 감독을 분석하는 기사와 함께 "비엘사는 리즈 유나이티드의 메시아^{Messiah}(구세주)인가? 미쓰^{Myth}(미신)인가?"라는 질문을 던졌다. 답은 분명했다. 메시아였다.

다시 Marching On Together

비엘사 감독도 2022년 팀을 떠나게 됐다. 제시 마시 체제에서 잔류하며 희망을 살린 리즈지만, 결국 2022/23시즌을 끝으로 강등당했고, 현재는 2부에서 활동하며 다시 도약을 꿈꾸고 있다. 하지만 아카데미를 중심으로 존 찰스, 잭 찰튼, 빌리 브램너, 데니스 어윈, 데이비드 바티, 게리 켈리, 이언 하트등 유스 출신 스타들을 만들어 왔다. 그리고 팀이 힘들었던 시기에도 파비안 델프, 로버트 스노드그라스, 찰리 테일러, 샘 바이럼, 루이스 쿡, 알렉스 모왓등을 배출했다. 리즈는 다시 한번 아카데미 출신 선수들과 좋은 영입으로 새로운 도약을 꿈꾼다. 무엇보다 그들의 유명한 구호인 MOT처럼 한 방향을 바라보고 함께하는 팬들이 있는 한 리즈의 부활을 의심하는 사람은 없을 것이다.

> 홀란드는 열심히 훈련했고 자신의 한계를 계속해서 끌어올렸다.
> 그것은 자신뿐 아니라 동료들에게도 영향을 미쳤다.
> 나는 진심으로 홀란드의 팬이다.
>
> _ 황희찬

MIÐGARÐR

홀란드가 밟아 온 길 : 미드가르드

북유럽 신화에서 미드가르드는 정가운데에 존재하는 땅을 말한다.
홀란드도 많은 일을 겪으며 이곳까지 왔다.

'황홀미恍惚美'
황희찬-홀란드-미나미노
잘츠부르크 트리오

그야말로 황홀한 아름다움을 가진 트리오였다.
홀란드는 이미 10대의 나이에 몰데 FK에서 노르웨이
리그를 폭격했다. 자국 리그는 그를 계속 품기에는
좁았고, 이에 홀란드는 2018년 첫 해외 이적을
감행하며 새로운 도전에 나선다. 그리고 그가 택한 팀은
RB 잘츠부르크였다.

RB 잘츠부르크는 레드불이라는 유명 에너지 음료를
만드는 레드불 유한회사가 경영하는 팀 중 하나다.
레드불 유한회사는 스포츠 쪽에 전방위적인 지원을
하며, 이를 통해 자사 제품을 홍보한다. 특히 F1 등
모터스포츠에서 두각을 나타낸다. 모터스포츠만큼은
아니더라도 축구를 통한 홍보도 좋은 성과를 내고 있다.
레드불은 축구의 경우 대륙별로 복수의 팀을 운영
중이다. 선수들을 자유롭게 레드불 산하 팀에서, 다른
레드불 산하의 팀으로 이적도 시킨다. 따라서 레드불
소속의 선수들은 이적이 다른 클럽들에 비해 쉬운
편이다. 레드불은 선수를 실력에 따라 체급에 맞는 다른
레드불 팀으로 보내기도 하고, 아예 다른 제3의 클럽에
선수를 매각하는 것도 꺼리지 않는다.

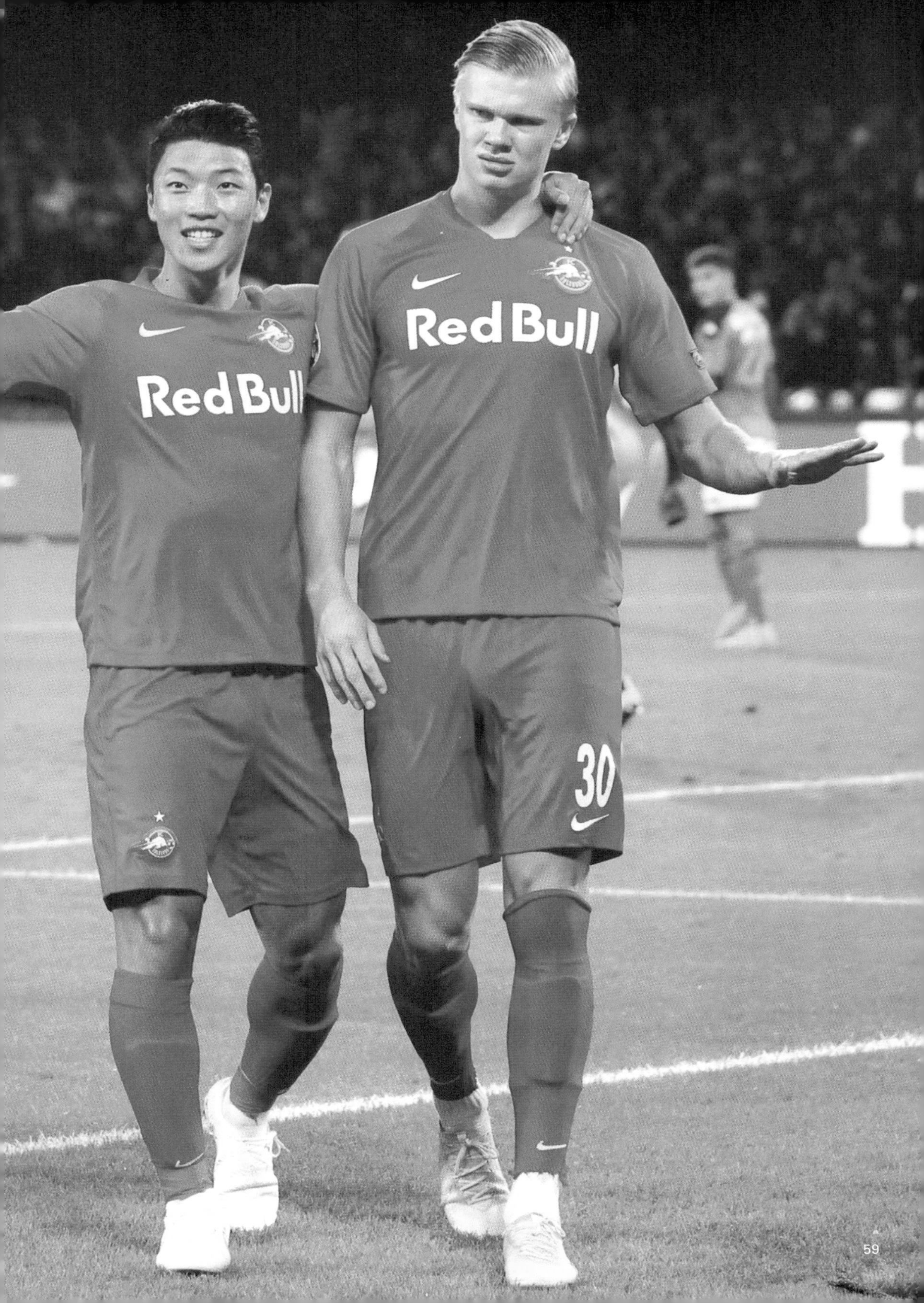
Red Bull
Red Bull
30

홀란드에게 있어 잘츠부르크 이적은 환상적인 움직임이었다. 오스트리아 리그에서 보다 성장을 도모하는 한편, UEFA 챔피언스리그 경험도 할 수 있었다. 앞서 언급됐듯 클럽이 이적에도 열려 있기에 이후 빅클럽행을 노릴 수도 있었다. 홀란드는 잘츠부르크 이적 첫 시즌인 2018/19시즌 팀에 천천히 녹아들며 예열을 했다. 그리고 두 번째 시즌인 2019/20시즌 자신의 진가를 보여 줌과 동시에 전 유럽에 자신의 이름을 각인시키기에 이른다. 흥미로운 것 중 하나는 홀란드가 잘츠부르크에서 황희찬, 미나미노 타쿠미와 이른바 '황홀미' 트리오를 결성해 전 유럽을 놀라게 했다는 점이다. 지금도 그러하지만, 홀란드가 잘츠부르크에서 활약하던 당시 팀은 미래에 스타가 될 수 있는 선수로 가득했다. 레드불의 철저한 스카우팅 후 유망주 수집으로 향후 빛날 수 있는 원석들이 스쿼드를 가득 메웠다. 설명이 필요 없는 홀란드와 대한민국이 배출한 재능 황희찬, 일본의 최종 병기 미나미노 타쿠미가 조우한 것도 잘츠부르크에서였다. 그리고 이들을 지휘하는 감독은 떠오르는 전술가 제시 마시였다.

당시 마시 감독은 에너지 레벨이 높은 젊은 자원들을 최대로 활용하기 위해 4-4-2 포메이션을 꺼내 들었다. 4-4-2 포메이션은 수비 시 필드 플레이어들이 균등하게 공간을 커버할 수 있다. 마시 감독은 이를 활용해 정확한 커버 공간 배분을 하면서도 미친 듯한 활동량을 요구했다. 이를 통해 공을 탈취하면 잘츠부르크가 자랑하는 쾌속 역습이 시작됐다. 잘츠부르크 4-4-2에서 홀란드는 황희찬과 주로 투톱을 이뤘다. 미나미노의 경우 왼쪽 윙어 혹은 오른쪽 윙어로 플레이하며 두 선수를 지원하는

식이었다.

황희찬이 황소와 같은 폭발적인 드리블로 상대 진영을 헤집고 공을 연결하면 홀란드가 이를 원샷원킬로 집어넣었다. 두 선수를 제어하기 위해 수비수들이 밀착 수비를 하며 공간이 나면, 그곳에 침투해 자비 없이 득점하는 미나미노였다. 이 황홀미 넘치는 트리오를 막기는 너무나 까다로웠다.

비교적 군소 리그인 오스트리아 우승팀이기에 유럽축구연맹(UEFA) 챔피언스리그 무대에서 고전이 예상됐던 잘츠부르크다. 하지만 황홀미 트리오를 앞세운 잘츠부르크는 조금의 두려움도 없이 리버풀 FC, SSC 나폴리, KRC 헹크라는 훌륭한 팀들을 상대로 아주 매력적이고 즐거운 축구를 보여 줬다.

잘츠부르크는 2019/20시즌 UEFA 챔피언스리그 조별리그 1차전 헹크전에서 상대를 폭격했다. 전반 1분 미나미노가 골문 앞으로 보낸 패스를 홀란드가 슛으로 연결해 득점하는 것을 시작으로 황홀미 트리오가 펄펄 날았다. 전반 33분에는 황희찬이 홀란드에게 연결한 공이 득점으로 연결됐다. 황희찬은 전반 35분 직접 득점하기도 했다. 홀란드는 잘츠부르크 폭풍 공격 그 중심에 있었다. 이날 헹크전은 자신의 UCL 데뷔전이기도 했다. 홀란드는 이날 전반전에 해트트릭을 폭발시켰다. UCL 역사상 데뷔전 전반 해트트릭은 처음. 결국 잘츠부르크는 6-2 대승을 거뒀다. 이 두려움 모르는 젊은 팀의 전진에 상대 팀들도 두려움을 느끼기 시작했다.

패배는 했지만, 잘츠부르크 축구의 백미는 UEFA 챔피언스리그 조별리그 E조 2차전 리버풀과의 경기였다. 리버풀은 강력한 우승 후보로, 잘츠부르크는 원정을 가는 입장이었다. 잘츠부르크가 일방적인 경기만 당하지 않아도 선전이라는 평가도 나왔다.

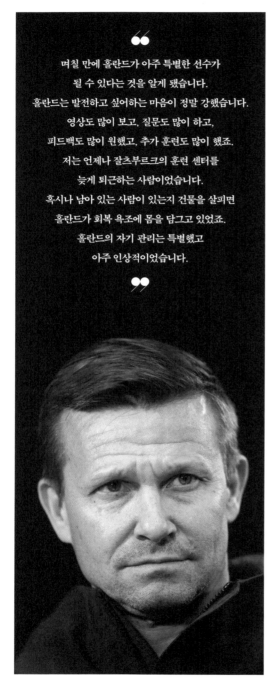

"
며칠 만에 홀란드가 아주 특별한 선수가
될 수 있다는 것을 알게 됐습니다.
홀란드는 발전하고 싶어하는 마음이 정말 강했습니다.
영상도 많이 보고, 질문도 많이 하고,
피드백도 많이 원했고, 추가 훈련도 많이 했죠.
저는 언제나 잘츠부르크의 훈련 센터를
늦게 퇴근하는 사람이었습니다.
혹시나 남아 있는 사람이 있는지 건물을 살피면
홀란드가 회복 욕조에 몸을 담그고 있었죠.
홀란드의 자기 관리는 특별했고
아주 인상적이었습니다.
"

MARSCH

잘츠부르크는 초반 수비가 흔들리며 0-3까지 밀렸다. 하지만 여기서 주저앉을 청년들이 아니었다. 전반 38분 황희찬이 박스 왼쪽에서 드리블 후 슛하는 척하며 세계 최고의 수비수 버질 반 다이크를 속이고 득점했다. 후반 10분에는 미나미노가 발리슛으로 골망을 갈랐고, 후반 14분에는 홀란드가 마침내 3-3을 만드는 동점골을 뽑아냈다.

황홀미 트리오의 분전에도 후반 23분 모하메드 살라에게 실점하며 진 잘츠부르크였다. 하지만 전 유럽이 잘츠부르크의 축구에 감탄했다. 조 3위로 탈락하며, 그들의 토너먼트 진출 도전 역시 리버풀전 패배처럼 원하지 않던 결과로 귀결됐다.

하지만 결과와 별개로 잘츠부르크의 축구를 만든 선수들에 대한 러브콜이 쏟아지기 시작했다. 황희찬, 미나미노를 향한 관심도 있었지만, 역시나 가장 많은 주목을 받은 선수는 홀란드였다. 전 유럽의 팀들이 그를 향해 구애하기 시작했다. 중요한 것은 홀란드가 자신을 향한 구애들을 스스로 노력하며 쟁취했다는 사실이다. 2022년 리즈 유나이티드 감독이 돼 홀란드를 상대하게 된 마시 감독은 홀란드와 함께하던 때를 행복하게 회상했다.

2022년 12월 영국 언론 '데일리 메일'에 따르면 마시 감독은 "홀란드와 함께 보낸 시간은 정말 훌륭했다고 말할 수 있습니다. 우리는 믿을 수 없을 만큼 좋은 관계를 형성했습니다"라며 운을 뗐다.

마시 감독은 "제가 잘츠부르크에 부임했을 때, 우리는 베스트11 중 (이적과 부상 등으로) 9명을 잃은 상태였습니다. 나는 새로운 선수 구성을 위해 많은 영상을 봐야 했고, 임대 중인 선수나 벤치에 머물러있던 선수를 기반으로 새롭게 팀을 짜야 했습니다"라고 전했다.

그는 "나에게 있어 홀란드는 큰 돌파구를 마련할 수 있겠다라고 생각하게 한 선수였습니다. 20세 이하 월드컵에서 홀란드는 온두라스를 상대로 1경기 9골을 폭발시켰죠. 보통 국제대회에 참여하면 선수들에게 3주 휴가를 줍니다. 그런데 홀란드는 열흘 만에 복귀하더니, '감독님의 첫 훈련에 참가하고 싶습니다'라고 했습니다"라고 설명했다.

많은 사람들의 도움도 있었지만, 홀란드는 늘 자신을 채찍질하며 갈고닦았다. 그 성과는 클럽 수준에서 최고 수준의 경쟁이 이뤄지는 UEFA 챔피언스리그에서 나왔다. 이제 그는 축구계 중심으로 향한 상태였다.

02 레비어 더비 역사에 기록될 바이시클 킥

역사에 기록될 바이시클 킥이었다.

노르트라인베스트팔렌주는 독일 서부에 위치한 연방주로 독일 최대의 공업지역인 루르 공업지역이
위치해 있다. 이 노르트라인베스트팔렌주는 정치적, 경제적으로 독일 내에서도 상당한 위상을 자랑한다.
도르트문트와 겔젠키르헨은 그 노르트라인베스트팔렌주에 위치한 주요 공업 도시들이다. 기차 한 번에
이동할 수 있을 만큼 가까운 거리라 두 도시의 협력 또한 많다. 하지만 축구에서는 이야기가 다르다.
도르트문트를 대표하는 보루시아 도르트문트와 겔젠키르헨을 대표하는 FC 샬케 04는 앙숙 그 자체다.
그 때문에 두 팀 간의 경기가 열리면 노란색 유니폼의 도르트문트 팬들과 파란색 유니폼의 샬케 팬들로
전쟁과 같은 분위기가 펼쳐진다. 홀란드는 그 중심에 있던 적이 있다.

잘츠부르크에서 보다 성장한 홀란드는 2020년 겨울 이적시장에서 복수 클럽의 러브콜을 받았다. 그의 선택은 독일의 보루시아 도르트문트였다. 환상적인 팬 베이스에 전력도 분데스리가 우승을 노려 볼 수 있는 팀이었다. 여기에 젊은 선수들에게 아낌없이 기회를 주는 점, 바이아웃 설정으로 본인의 거취에 유리한 계약 조건을 제시받았다는 것 등의 장점이 홀란드를 사로잡았다.

홀란드는 2020년 1월 19일 FC 아우크스부르크전에 교체 출전해 데뷔전 해트트릭을 만들며 화려한 출발을 알렸다. 23분 만에 만든 3골이었다. 홀란드는 엿새 뒤 FC 쾰른과의 경기에서 다시 교체 출전했는데 이번에도 2골로 제 몫을 톡톡히 했다. 홀란드는 개막 2경기에서 5골을 폭발시킨 최초의 분데스리가 선수가 됐다. 그가 2경기 5골을 만드는 데 경기 시간으로 단 56분만이 필요했다. 그리고 홀란드는 그 1월에 그 1시간도 안 되는 시간만 출전했음에도 분데스리가 1월 이달의 선수상을 거머쥐었다.

단 1시간으로 적응기는 필요 없다는 것을 온몸으로 증명한 홀란드였다. 이후에도 엄청난 득점력을 뽐냈다. 도르트문트의 노란 유니폼을 입은 순간부터 벗을 때까지 홀란드는 언제나 팀의 중심이었다.

홀란드가 도르트문트 팬들을 감동하게 한 일은 많지만 역시나 2021년 2월 FC 샬케 04와의 레비어 더비에서의 활약이 손꼽힌다. 이날 홀란드가 샬케를 상대로 터트린 바이시클 킥 득점은 도르트문트 팬들이 사랑하는 장면 중 하나다.

레비어 더비는 거시적으로 독일 노르트라인베스트팔렌주 루르 지역에 연고를 둔 축구 클럽들 간의 맞대결을 뜻한다. 하지만 미시적으로, 일반적으로 보루시아 도르트문트와 FC 샬케 04간의 대결을 말한다. 두 팀 간의 레비어 더비는 독일 최대의 라이벌전으로 꼽힌다.

독일의 유명한 라이벌전은 FC 바이에른 뮌헨과 도르트문트 간의 데어 클라시커도 있다. 하지만 데어 클라시커의 경우 양 팀이 우승 다툼을 하면서 전력상 만들어진 라이벌 관계라는 측면이 크다. 하지만 도르트문트와 샬케는 지역 라이벌의 뿌리 깊은 앙숙 관계가 지금까지 이어져 오고 있어, 라이벌전이라는 측면에서는 레비어 더비가 가장 치열하다고 보는 것이 중론이다. 다른 팬들도 그렇듯 양 팀의 팬들은 맞대결 날을 눈여겨보며, 그날이 다가왔을 때 승리를 간절히 바라는 편이다. 그 바람을 시원스레 해결해 준 선수가 홀란드였다.

홀란드는 도르트문트에서의 두 번째 시즌이자, 도르트문트에서의 첫 풀타임 시즌이었던 2020/21시즌 23라운드서 샬케 원정에 나선다. 5라운드 홈 경기에서 득점하며 3-0 승리를 이끌었던 홀란드는 그때의 재현을 꿈꾸고 있었다.

홀란드는 이 경기에서 초반부터 기민하게 움직였다. 그리고 레비어 더비 역사에 남을 득점을 해냈다. 전반 44분 제이든 산초가 왼쪽 측면에서 상대 박스 오른쪽으로 크로스를 올렸다. 그곳에 홀란드가 자리 잡고 있었다. 홀란드는 자신의 머리 쪽으로 오는 공을 보고 골문과의 거리상 헤더로는 득점이 쉽지 않음을 알아차렸다. 홀란드는 곧바로 점프해 날아올랐고, 왼발로 바이시클 킥을 구사했다. 홀란드의 발에 맞은 공은 정확히 골문 구석으로 들어갔다. 환상적인 골 그 자체였다. 홀란드는 이에 그치지 않고 후반 33분 주드 벨링엄의 크로스를 골문 앞에서 날카로운 침투로 밀어 넣으며 멀티골을 기록했다. 홀란드의 활약 속에 도르트문트는 라이벌 샬케를 4-0으로 완파했다. 양 팀 팬들의 희비가 완벽히 엇갈리는 경기였다. 도르트문트에서 그가 보냈던 많은 시간이 그러하듯 팬들에게 기쁨을 선물한 한 판이었다. 한 선수가 만들어 낸 큰 행복이었다.

03

재능들의 보고寶庫,
도르트문트의 2020/21시즌
독일축구연맹 포칼 우승

보루시아 도르트문트는 재능들의 보고 그 자체였다.
도르트문트는 지난 1996/97시즌 오트마어 히츠펠트 감독과 함께 유럽축구연맹(UEFA)
챔피언스리그를 제패했다. 도르트문트가 유럽을 노란 물결로 물들이며, 정상의 자리에 등극한
것이다. 현재도 유럽 최고 수준인 평균 관중에, 유럽을 제패한 전력을 유지한 점 등으로 인해 황금빛
미래만 가득할 것 같았던 도르트문트다. 하지만 그들이 기대한 미래는 바람대로 흐르지 않았다.

도르트문트는 호재가 가득한 상황에서, 주식 시장 상장을 추구하며 빅클럽으로서의 위치를 공고히 하고자 했다. 하지만 주식 상장을 위해 확대한 자금 투자는 구단 재정에 악영향으로 연결됐다. 일반적으로 구단에서 자금을 확보할 수 있는 루트는 크게 네 가지로 나눠 볼 수 있다. 하나는 선수 판매를 통한 이적료 수입, 둘째는 중계권료를 통한 수입, 셋째는 경기장 입장료 같은 팬들로부터 발생되는 수입, 넷째는 스폰서 수입이다.

도르트문트는 토마시 로시츠키, 얀 콜러 등 주축 선수들을 매각했지만 재정난을 단번에 메우기는 역부족이었다. 중계권료 수입 확보도 설상가상으로 쉽지 않았다. 분데스리가 TV 중계권료는 독일 최대의 미디어 그룹 키르히 그룹이 2002년 파산하면서 폭락했다. 여기에 2003/04시즌 UEFA 챔피언스리그 예선에서 탈락했다. UEFA 챔피언스리그 수익을 얻을 수 없게 되면서 구단 수입에 막대한 피해를 가져왔다. 어려움 속에서 그래도 도르트문트를 사랑하는 팬들이 경기장을 가득 메워 주며 최악의 상황을 면할 수 있었다. 도르트문트는 적극적으로 스폰서를 유치하고, 2005년 베스트팔렌 슈타디온이라는 홈 경기장의 이름까지 지그널 이두나 파크라는 이름으로 스폰서에 매각하며 겨우 위기를 넘긴다. 하지만 재정난은 도르트문트에 큰 아픔을 안겼다. FC 바이에른 뮌헨과 분데스리가 패권을 두고 자웅을 겨루며, UEFA 챔피언스리그 무대에서도 손꼽히던 강팀이 그 위용을 다소 잃게 된 것이다.

4 Borussia Dortmund

도르트문트는 2008년 위르겐 클롭이라는 명장이 부임하고, 여전한 팬 베이스를 중심으로 반등하기 시작했다. 2010/11시즌에는 9년 만에 분데스리가를 다시 제패하며 정상에 오를 수 있는 팀임을 증명했다. 다만 이전과 다른 점이 있다면 도르트문트가 거리낌 없이 선수를 사고 팔던 때와 달리 자생을 위해 선수 판매에 열린 입장을 가질 수밖에 없게 됐다는 점이다. 재정난으로 사무치는 어려움을 겪었던 도르트문트는, 주축 선수라고 하더라도 높은 이적료를 받게 되면 매각을 했다. 대신 철저한 분석을 통해 그 자리를 메울 보다 값싼 선수를 데려왔다. 2012년 카가와 신지를 내보내고, 그 자리에 마르코 로이스를 데려온 것은 전형적인 예였다. 도르트문트의 영입 타율은 굉장히 높았고, 이러한 움직임은 팀의 재정을 안정시키는 것에 큰 역할을 했다. 하지만 계속된 선수단 순환은 월드 클래스 선수들을 계속 유지할 수 있는 FC 바이에른 뮌헨과의 체급 싸움에서 어려움을 겪게 하는 원인이 됐다. 이는 2012년 이후 도르트문트가 분데스리가 정상에 서지 못한 이유 중 하나라고 분석해 볼 수 있다. 하지만 지난 2020/21시즌의 DFB 포칼 우승은 분명히 기억할 만한 성과였다. 쉽지 않은 상황에서도 지켜 낸 주축들과 젊은 재능들이 한데 뭉쳐 만든 우승이었다. 단비 같은 트로피라고 할 수 있었다. 당시 도르트문트에는 마르코 로이스, 마츠 후멜스, 우카쉬 피슈체크, 엠레 잔, 로만 뷔어키 등의 든든한 버팀목들이 있었다. 여기에 홀란드를 시작으로 제이든 산초, 주드 벨링엄, 율리안 브란트, 지오반니 레이나, 토르강 아자르 등 보석 같은 어린 선수들이 있었다.

결승 상대였던 라이프치히는 전력상 결코 도르트문트에 밀리는 팀이 아니었다. 페테르 굴라시,
루카스 클로스터만, 다요 우파메카노, 마르셀 할슈텐베르크, 케빈 캄플, 노르디 무키엘레, 다니엘
올모, 마르셀 자비처, 아마두 아이다라, 알렉산데르 쇠를로트, 황희찬, 베냐민 헨릭스, 크리스토페르
은쿤쿠, 콘라트 라이머, 유수프 폴센이 있었다. 라이프치히를 분데스리가 강팀으로 발돋움시킨
멤버들이었다. 상대 감독은 천재 율리안 나겔스만으로 도르트문트 에딘 테르지치보다 우위에
있다는 평이었다.

하지만 도르트문트는 벌처럼 빠른 움직임으로 4골을 뽑아내며 상대를 제압한다. 이날 2골을
폭발시킨 홀란드는 역시나 역사의 중심에 있었다. 홀란드는 전반 27분 로이스의 패스를 받아
드리블로 상대 박스에 진입한다. 이후 가공할 만한 몸싸움으로 상대 센터백 우파메카노를 튕겨
내고 골망을 흔들며 또 한 번의 하이라이트 장면을 생산했다.

홀란드의 활약은 여기서 그치지 않았다. 3-1로 앞서고 있던 후반 32분 상대 아크 서클에서 공을
잡는다. 홀란드는 산초의 패스를 받은 뒤 드리블 후 중심이 넘어지면서도 정확한 슛으로 득점했다.
이 득점이 쐐기를 박았다. 도르트문트는 홀란드의 멀티골을 앞세워 4-1로 승리하며 우승했다.
홀란드는 자신과 같은 젊은 재능들 그리고 로이스와 같은 베테랑들과 더불어 진가를 보였고
이를 통해 독일 최대의 컵대회를 제패한 것이다. 꿀벌 군단의 팬들에게 달콤한 기쁨을 만들어 준
홀란드와 도르트문트 선수들이었다.

알프 잉베 베른센
Bryne FK

FK 브뤼네에서 유스 팀 감독을 역임한 인물이다. 2016년 1군 감독 가우트 라라센이 경질되면서 감독 대행을 맡게 됐다. 베른센은 유스 팀에서 함께한 홀란드를 브뤼네 1군에 올렸다. 포지션적으로도 윙포워드를 병행하던 홀란드를 공격수로 정착시킨 인물이기도 하다.

Alf Ingve Berntsen

Ralf Rangnick

Lucien Favre

Ole Gunnar Solskjær

Jesse Marsch

Edin Terzic

Marco Rose

Lars Lagerbäck

Pep Guardiola

Ståle Solbakken

HAALAND'S
홀란드를 지도했던 감독들
COACHES

올레 군나르 솔샤르
Molde FK

가능성을 바탕으로 노르웨이 강팀 몰데 FK로 합류한 홀란드다. 노르웨이의 전설적인 스트라이커 솔샤르가 당시 감독이었고, 그를 만난 것은 홀란드에게 큰 행운이었다. 솔샤르는 홀란드를 집중적으로 지도하며 제자이자 후배인 홀란드가 훌륭한 공격수로 성장할 수 있게끔 도왔다.

랄프 랑닉
RB Salzburg

클럽 시스템을 다지는 것에 일가견이 있고 지도자 육성, 선수 보는 눈이 빼어난 인물. 율리안 나겔스만, 마르코 로제, 토마스 투헬, 마티아스 야이슬레, 랄프 하겐휘틀 등이 그와 인연이 있는 지도자다. 라이프치히서 다요 우파메카노, 이브라히마 코나테 등 다양한 선수를 발굴하고 영입하기도 했다. 홀란드는 잘츠부르크 첫 시즌에 랑닉의 지도를 받았다. 랑닉은 이후 홀란드를 자신이 일하던 맨체스터 유나이티드에 적극적으로 추천한다.

뤼시앵 파브르
Borussia Dortmund

빠르고 공격적인 축구를 구사하려고 노력하는 감독. 도르트문트에서 끝은 좋지 못했지만, 홀란드의 도르트문트 첫 감독으로 그가 팀에 안정적으로 녹아들 수 있도록 도왔다.

제시 마시
RB Salzburg

랑닉 감독 시절 수석코치로 홀란드와 만난 마시는 감독 부임 이후 그를 유럽이 주목하는 스트라이커로 성장시킨다. 잘츠부르크에서 홀란드가 보여 준 활약은 본인의 몫도 있었지만, 정갈한 공수 간격과 특유의 압박을 바탕으로 한 마시 감독의 전술에 힘입은 바도 있었다.

에딘 테르지치
Borussia Dortmund

파브르 감독의 경질 후 도르트문트에 부임한 테르지치 감독이다. 파브르에 이어 홀란드를 중용했다. 2020/21시즌 DFB 포칼 우승으로 홀란드에게 빅리그에서의 첫 트로피를 안기기도 한 감독이다.

마르코 로제
Borussia Dortmund

홀란드의 도르트문트 마지막을 함께한 감독. 로제 역시 빠르고 강력한 압박 축구를 구사하는 인물이다. 선수단과의 소통에도 능해 홀란드와도 좋은 관계를 형성했다.

라르스 라예르베크
Norway

스웨덴 국적으로 노르웨이 국가대표팀을 맡은 감독. 그 이전 스웨덴 대표팀과 아이슬란드 대표팀을 맡아 성공 신화를 썼던 인물이지만, 노르웨이에서의 경력은 냉정히 말해 실패에 가까웠다. 하지만 홀란드를 노르웨이 국가대표로 데뷔시키며 인연을 맺은 인물이다.

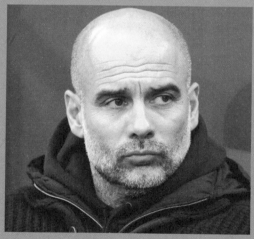

펩 과르디올라
Manchester City

알렉스 퍼거슨, 리누스 미헬스와 함께 역대 최고의 감독으로 손꼽히는 인물. 특히 전술 구사에 있어 천재로 불린다. 홀란드 합류 후 그의 잠재력을 100% 끌어냈다. 2022/23시즌 트레블을 포함 홀란드와 함께 역사를 만들고 있는 감독이다.

스톨레 솔바켄
Norway

현역 시절 중앙 미드필더로 활약했던 인물이다. 1998년 프랑스 월드컵에 노르웨이 국가대표로 출전하기도 했다. FC 코펜하겐에서의 성과를 바탕으로 대표팀 감독에 취임했다. 이제 홀란드와 함께 노르웨이를 지탱해야 하는 인물이다.

04

부상으로 좌절된 2022 월드컵

부상이 엘링 홀란드를 좌절시켰다.

홀란드는 소속팀 경력에서처럼 대표팀 경력에서도 승승장구해 왔다. 일단
노르웨이 15세 이하 대표팀을 시작으로 16세 이하, 17세 이하, 18세 이하,
19세 이하, 20세 이하, 21세 이하 등 연령별 대표팀을 모두 거친 엘리트다.
홀란드가 2019년 5월 FIFA 20세 이하(U-20) 월드컵에서 득점왕을 탄
이후 이후 대표팀 승선도 당연하게 여겨졌다. 그리고 그해 9월인 2019년
9월 5일 몰타와의 유로 2020 예선전에서 성인 대표팀 데뷔전도 치렀다.
홀란드는 2020년 9월 5일 네이션스리그 리그 B 1조 1차전 오스트리아와의
경기에서 A매치 데뷔골을 신고했다. 유로 2020 본선행은 좌절됐지만
그 실패가 아직 어린 선수로 노르웨이 국가대표팀에 안착 중인 홀란드가
모두 짊어져야 할 몫은 아니었다. 더불어 홀란드는 자신이 팀을 지탱할
만큼 성장 중이라는 것을 지속적으로 보여 줬다. 특히 2020년 10월에는
루마니아를 상대로 A매치 첫 해트트릭도 만들었다. 문제는 2021년이었다.
홀란드는 클럽에서의 맹활약으로 노르웨이 국민들이 더욱 기대하는 선수가
됐다. 홀란드 본인도 대표팀에서 자신의 능력을 더욱 보여 주고자 하는
마음이 강했다. 그런 가운데 2022 FIFA 카타르 월드컵 유럽 지역 예선이
2021년 전개된다.

홀란드가 속한 노르웨이는 네덜란드, 터키, 몬테네그로, 라트비아, 지브롤터와 함께 유럽 예선 G조에 배정됐다. 유럽 예선은 조 1위가 월드컵 직행, 조 2위는 플레이오프로 가는 구조였다.

G조는 조 추첨 후 노르웨이, 네덜란드, 터키가 조 1위와 조 2위를 두고 삼파전을 벌일 것으로 전망됐고, 실제로 그러했다. 11월 마지막 2경기를 남긴 상황에서 노르웨이는 네덜란드, 터키와 살얼음판 경쟁을 하고 있었다. 이 중요한 순간에 홀란드가 소속팀 도르트문트에서 AFC 아약스 암스테르담과의 경기를 치른 뒤 근육 부상으로 아웃된다. 팀 내 주포를 잃은 노르웨이는 11월 마지막 2경기에서 라트비아와 0-0 무, 네덜란드에 0-2 패배하며 3위로 밀렸다. 이는 월드컵 직행은 물론 플레이오프행까지 좌절됐다는 것을 뜻했다.

마지막 2경기에서 주포 홀란드의 부재가 뼈저리게 느껴졌기에 더 아쉬운 노르웨이였다. 라트비아를 상대로는 파상 공세를 폈지만 득점하지 못하며 공격수가 없는 경기의 어려움을 느꼈다. 네덜란드전에서도 마지막 점을 찍어 줄 공격수 홀란드가 있었다면 다른 양상으로 경기가 전개될 수 있었다.

대표팀 탈락 후 홀란드는 가장 중요한 시기에 몸 관리를 하지 못했다며 자국 내 비판 여론에 직면했다. 2021/22시즌 계속된 근육 부상으로 유리 몸이 아니냐는 축구 팬들의 비판에도 기름을 부은 격이 됐다.

가장 아쉬운 것은 본인이었다. 만약 출전했고, 그 경기들에서 못해 월드컵 본선행이 좌절된 것이었다면 본인의 부족함을 인정하고 그 부족함을 채우기 위해 노력할 수 있었다. 하지만 절정의 순간 실력을 써 보지도 못하고 부상으로 대표팀의 탈락을 지켜봐야 하는 것은 큰 슬픔이었다.

거기에 더해 홀란드는 축구선수에게 가장 영예로운 무대인 월드컵 출전을 탈락 당시 2021년 기준으로 최소 5년 뒤로 미뤄야 하는 상황이 됐다.

세계 최고의 무대인 잉글리시 프리미어리그(EPL)서 활약했던 아버지의 아들이라는 것은 홀란드에게 자랑거리였다. 이와 마찬가지로, 어쩌면 그 이상으로 월드컵이라는 국제대회에서 노르웨이 유니폼을 입고 뛰었던 아버지를 가지고 있는 것은 홀란드에게 자랑거리였다.

아버지 알프잉에 홀란드는 1994년 미국 월드컵 당시 노르웨이 국가대표로 활약하며 조국을 1938년 이후 56년 만의 월드컵 본선행으로 이끈 인물이다. 본선에서도 노르웨이의 붉은 유니폼을 입고 헌신했다. 그렇기에 아버지처럼 노르웨이의 붉은 유니폼을 입고 월드컵에 서고 싶었던 홀란드다. 그저 아버지처럼 누구보다도 노르웨이인들을 기쁘게 하며 월드컵 무대를 밟고, 맹활약하고 싶었던 홀란드는 그렇게 첫 월드컵 도전 실패라는 큰 시련을 삼키고 있었다.

홀란드는 유로의 에이스!

COLUMN

노르웨이의 현 전력은 어느 정도라고 평가할 수 있을까. 노르웨이의 에이스 홀란드는 2019년 A대표팀 입성 후 세 대회 연속 국제대회 본선행에 실패했다. 유로 2020, 2022 월드컵, 유로 2024 세 대회 연속으로 예선 탈락에 그쳤다. 이에 따라 홀란드에게 비판이 쏟아지고 있지만, 동시에 노르웨이가 유럽 내 축구 전력으로는 약소국이 아니냐는 평가도 나온다. 사실 노르웨이는 역사적으로 보면 유럽 내 축구 약소국이라고 볼 수 있다. 월드컵 출전이 1938년 대회, 1994년 대회, 1998년 대회 단 3번에 불과하다. 최고 성적도 16강이 전부다. 유로에서는 상황이 더 심각한데 유로 2000엔 단 한 번 출전밖에 없다. 노르웨이는 2024년 기준으로 국토 면적 6,245만 헥타르, 인구 551만의 국가다. 대한민국과 비교하면 국토 면적은 약 6배 정도 크면서, 인구는 10분의 1 정도에 불과하다.

2018년 월드컵 준우승에 빛나는 398만 인구의 크로아티아 같은 예외도 있다. 하지만 인구가 어느 정도 받쳐 줘야 축구에서도 두각을 나타내는 것이 일반적이다. 1,767만 명의 네덜란드처럼 축구 강대국들에 비해 적은 인구를 축구

'바이킹 군단' 노르웨이의 인재풀

시스템으로 극복하는 경우도 있다. 하지만 이는 쉬운 것이 아니다. 노르웨이 정도의 인구라면 유럽 내에서 적은 인구에 속한다. 이는 축구 재능들을 배출할 확률도 적게 하고, 축구 강대국들에 비해 전력 면에서 열세에 놓일 확률이 높다. 현재도 그렇다고 볼 수 있다.

월드컵 본선에 가기 위해서는 일단 유럽 예선을 통과해야 한다. 유로 본선에 가기 위해서는 유럽 내 경쟁에서 이겨야 한다. 즉 절대적인 전력도 중요하지만, 다른 유럽 국가들과의 경쟁에서 비교 우위를 가져가야 하는 셈이다. 그 때문에 타 유럽 국가들에 비해 특출나다고는 할 수 없는 전력을 가진 노르웨이 대표팀. 또 노르웨이의 중심인 홀란드가 메이저 대회를 나가는 것은 쉽지 않은 상황이다. 다만 월드컵과 유로 진출 시기를 보면 알 수 있듯 1990년대 후반부터 2000년대 초반에 걸친 힘든 상황을 극복한 예외도 있다. 당시는 노르웨이 국가대표 축구의 전성기라고 볼 수 있었다. 탄탄한 팀을 구성하며 메이저 대회 본선행을 만들었기 때문이다. 당시 노르웨이는 축구 강대국들처럼 전 포지션에 걸쳐 훌륭한 선수들이 즐비하게 있는 것은 아니었다. 하지만 올레 군나르 솔샤르, 토레 안드레 플로, 헤닝 베르그,

로니 욘센, 스티그 잉에 비에른뷔에, 에리크 토르스트베트 등 빅리그에서 활약하는 코어 선수들이 탄탄했다. 그리고 이 선수들을 중심으로 탄탄한 조직력을 갖춰 성적을 냈다.

황금기 이후에도 노르웨이 국적을 가진 스타 선수들은 계속 나왔다. A매치 최다 출전자 욘 아르네 리세를 비롯해 욘 카레브, 브레데 한겔란트, 모르텐 감스트 페데르센, 스테판 이베르센 등 좋은 선수들은 있었다. 하지만 전성기 때와 달리 탄탄한 팀을 만드는 것에 실패했고, 자연적으로 이전 세대의 영광을 재현하지 못했다. 지금 노르웨이는 황금기 선수진에 뒤지지 않는다. 맨시티에서 활약 중인 홀란드와 아스널 FC의 핵심 마르틴 외데고르라는 확실한 원투 펀치가 있다. 또, 공격수 알렉산데르 쇠를로트, 윙포워드 안토니오 누사, 미드필더 산데르 베르게, 수비수 레오 외스티가르, 크리스토페르 아예르 등 준척급 자원들이 있다. 여기에 유럽 5대리그나 UEFA 챔피언스리그에서 뛴 적이 있는 율리안 리에드손, 모르텐 토르스뷔, 크리스티안 토르스트베트 등 좋은 선수들이 존재한다. 타 유럽 팀들을 상대로 비교 우위를 가져가기는 쉽지 않다. 하지만 적어도 국제대회

본선행을 노릴 만큼은 충분하고, 어떻게 조합하느냐에 따라 더 좋은 팀을 만들 수도 있는 선수들을 보유하고
있다고 볼 수 있다.

일단은 연이은 메이저 대회 본선행 실패라는 고리를 끊어 내는 것이 급선무로 보인다. 이것이 더 길어지면,
그만큼 선수들의 부담은 더 가중된다. 이를 위해서는 적절한 팀 구성, 적절한 전술 구사 등이 중요한데 그만큼
감독의 역할이 막중하다. 지난 2022 예선 때처럼 홀란드 등 주축 선수들이 부상을 당하지 않는 것도 중요하다.
정리하면 노르웨이는 잠재력을 지닌 선수들을 보유했음에도 이를 국제대회 본선행으로 연결짓지 못하고
있다. 이 굴레를 끊는 것이 중요하고 외데고르와 더불어 핵심인 홀란드의 역할이 중요하다. 국제대회 본선행을
달성한 뒤 자신의 능력으로 더 높은 곳까지 혹은 우승까지 조국 노르웨이를 견인한다면 홀란드를 향한 평가는
더 높아질 수 있다. 어떤 어려운 상황에서든 포기하지 않았던 홀란드다. 무슨 상황에 직면하든 자신의 노력을
통해 그것을 극복해 왔던 홀란드다. 그렇기 때문에 노르웨이 팬들은 홀란드의 활약에 더 많은 기대를 하고 있다.

BEST

조지 베스트 ⚽ 북아일랜드

뮌헨 참사를 딛고 맨체스터 유나이티드가 다시 유럽 정상에 설 수 있도록 만든 레전드 윙포워드. 하지만 그의 국가대표 커리어는 클럽 커리어에 비해 초라했다. 영국은 잉글랜드, 스코틀랜드, 웨일즈, 북아일랜드가 연합된 나라다. 올림픽 등은 영국으로 참여하지만, 축구의 경우 4개국으로 나뉘어 나선다. 북아일랜드의 전력은 약했고 조지 베스트는 월드컵 무대를 단 한 번도 밟지 못한다.

WEAH

조지 웨아 ⚽ 라이베리아

AC 밀란의 레전드 공격수. 1995년 유럽과 남미 출신이 아닌 아프리카 대륙 출신으로서 처음으로 발롱도르를 수상한 선수다. 하지만 조국 라이베이라는 축구 약소국에 속했고 웨아 역시 월드컵 무대를 밟지 못했다.

YORKE

드와이트 요크 ⚽ 트리니다드 토바고

1998/99시즌 영혼의 단짝 앤디 콜과 투톱 호흡을 맞추며 맨체스터 유나이티드의 트레블을 이끈 공격수. 트리니다드 토바고 국적으로 2006년 월드컵에서 조국을 본선으로 견인하는 기염을 토했다.

SHEUCHENKO

안드리 셰우첸코 ⚽ 우크라이나

우크라이나의 영웅으로 현역 시절 무결점 스트라이커로 불렸다. 약한 자국의 전력에 번번히 메이저 대회 진출에 실패했다. 하지만 2006년 커리어 막바지에 월드컵에 나서며 조금이나마 설움을 씻게 된다.

GIGGS

라이언 긱스 ⚽ 웨일스

왼쪽 라인의 지배자. 레프트윙으로 맨체스터 유나이티드 전성기의 주축이었지만, 웨일스의 약한 전력으로 번번히 메이저 대회 본선행에 실패했다. 단일 영국팀에서 뛰었다면 어떤 성적을 냈을까 생각하게 만드는 비운의 스타.

HLEB

알렉산데르 흘렙 ▨ 벨라루스

무중력 드리블러라고 불린 선수다. 아스널 FC에서 보낸 전성기는 여전히 팬들의 기억에 남아 있다. 공격형 미드필더인 그는 당시 아스널 4-4-2 포메이션의 측면에서 유려한 드리블을 보여 줬다. 하지만 벨라루스 국적으로 메이저 대회에서 얼굴을 보기 힘들었다.

ADEBAYOR

엠마누엘 아데바요르 ▭ 토고

2006년 아프리카의 토고는 월드컵 진출이라는 기적을 쓴다. 그 중심에는 스트라이커 아데바요르가 있었다. 아스널 FC 등에서 뛰었으며, 우리 대표팀과 월드컵에서 맞붙어 여전히 국내 팬들에게 많이 기억되는 선수다.

BALE

가레스 베일 ▨ 웨일스

베일도 선배 긱스와 마찬가지로 상대적으로 열악한 전력의 웨일스를 이끄는 선수였다. 다만 베일은 선배 세대가 어려움을 극복하지 못한 것과 비교해 월드컵과 유로 진출을 이뤄 내며 국가 영웅이 됐다.

AUBAMEYANG

피에르 에메릭 오바메양 ▬ 가봉

오바메양은 보루시아 도르트문트, 아스널 FC에서 전성기를 구가하며 활약한 공격수. 빠른 스피드와 결정력으로 팬들을 매료시켰다. 하지만 국가대표팀 커리어는 미미한데, 아프리카 가봉이 좋은 팀을 구축하지 못했기 때문이다.

KUARATSKHELIA

흐비차 크바라츠헬리아 ▩ 조지아

최근 상대적으로 열악한 대표팀의 에이스를 꼽을 때 거론되는 선수. SSC 나폴리에서 김민재, 빅터 오시멘 등과 함께 우승을 이뤄 냈다. 조지아 국적의 선수로 대표팀 커리어에 대한 걱정이 있지만, 유로 2024 본선행과 돌풍으로 가능성을 보여 줬다.

VANAHEIMR

홀란드, 최고로 우뚝 : 바나헤임

북유럽 신화에서 바나헤임은 신들이 사는 땅 중 하나다.
홀란드도 성장하며 신들의 세계에 입성한다.

"

홀란드의 능력을 의심한 적 없다.
그는 엄청난 속도를 가진 위협적인 선수다.

"

_ 펩 과르디올라

오마주, 홀란드가 다시
하늘색 유니폼을 입다

홀란드라는 성을 가진 선수가 다시 하늘색 유니폼을 입고 뛰게 됐다.
오마주(Hommage)는 존경, 존중을 뜻하는 프랑스어. 예술에서 존경하는
작가와 작품에 영향을 받아 그와 비슷한 작품을 창작하거나 원작 그대로
표현하는 것을 말한다. 2022년 6월 13일. 축구계에서 앞으로 기억에 남을 수
있는 오마주 영상이 공개됐다. 맨체스터 시티는 홀란드의 영입을 공식적으로
발표하며 오마주가 들어간 영상을 썼다. 어린 시절 아버지가 뛰던
맨시티의 유니폼을 입고 있던 홀란드의 사진에서, 성장해 맨시티의 새로운
유니폼을 입는 영상으로 전환되는 오마주였다. 아버지의 팀으로 합류하는
슈퍼스타라는 메시지를 담은 환상적인 영상이었다.
홀란드는 보루시아 도르트문트에서 2020/21시즌 유럽축구연맹(UEFA)
챔피언스리그 득점왕에 오르는 등 축구계 최고 공격수로 자리매김했다.
도르트문트도 훌륭한 클럽이지만, 더 많은 자금을 보유한 더 많은 우승컵을
노리는 클럽들이 그에게 러브콜을 보냈다. 이른바 홀란드 쟁탈전이 벌어졌다.
맨시티는 홀란드의 차기 행선지로 확률이 낮게 거론되던 팀이었다. 2021년
여름 이적시장 당시 토트넘 홋스퍼의 공격수 해리 케인 영입과 강력하게
연결됐다. 맨시티의 1순위 목표는 케인으로 여겨졌다. 하지만 복수 요인들로
인해 맨시티와 해리 케인 간의 인연은 끝내 만들어지지 않았다. 1년 후인
2022년 맨시티는 마지막 퍼즐이 돼 줄 공격수를 여전히 원하고 있었다.
그 1년 사이 홀란드는 더욱더 성장하며 공격수가 필요한 팀들의 갈망을
일으켰다. 맨시티는 팀에 화룡점정을 찍어 줄 선수로 홀란드를 낙점하고
그에게 구애했다. 아버지의 팀이라는 배경까지 더해지며 결국 딜은 성사됐고,
홀란드가 맨시티로 합류하게 됐다.
사실 홀란드의 이적은 2022년 5월 10일에 확정됐다. 도르트문트가 홀란드가
팀을 떠나 맨시티에 합류하게 되는 것을 공식 발표로 알렸기 때문이다.
그리고 2022년 5월 25일 홀란드가 맨체스터 시티의 연고지인 맨체스터로
이동해 메디컬 테스트를 받고, 유니폼을 입은 뒤 구단 공식 입단 사진 및
영상을 찍었다.
하지만 2022년 5월 10일 이적 발표 후 2022년 6월 13일까지 약 한 달간
맨시티 팬들은 아무런 소식을 받지 못한 채 깜깜한 상태로 있었다. 맨체스터

시티 팬들은 2022년 5월 25일 촬영 등 세부 작업이 이뤄지고 있는 것도
알지 못했다. 맨시티가 홀란드와 관련한 어떠한 정보도 그 사이에 올리지
않았기 때문이다.

유럽 유수의 구단들은 선수를 영입하는 과정에서 팀에 대한 홍보 효과를
극대화시킨다. 선수를 데려왔다는 단편적인 정보를 전하는 '오피셜(공식
발표)'을 시작으로, 유니폼을 입은 선수의 사진, 유니폼을 입은 선수의 영상,
독점 인터뷰 등을 공개한다. 이를 통해 구단이 어떤 선수를 영입했는지
적극적으로 홍보하고, 기대감을 증폭시킨다.

현재는 관심이 곧 돈이 되는 시대다. 농경 사회에서는 1년간 들인 노력의
결과물인 수확한 농산물이 곧 돈이었다. 산업 사회에서는 투입한 자금으로
만들어 낸 공정 속 나온 공산품이 곧 돈이었다. 정보화 사회에서는 어떤
행위를 해낼 수 있는 특별한 정보가 돈으로 귀결된다. 통신의 발달과
스마트폰의 보급 속 살아가는 현대 사회는 관심이 곧 돈이라고 할 수 있다.
많은 관심을 받으면 그것은 곧 돈이 된다. 유튜브의 영상도, 포털사이트의
기사도, 하물며 가게도 많은 관심을 받을수록 좋고 돈이 된다. 그런데
맨시티는 한 달간 그런 활동을 하지 않고 유예한 것이다. 의아함이 증폭됐다.
맨시티는 6월 13일 자신들의 SNS에 구단 유니폼을 입고 있는 홀란드의
어린 시절 사진을 게재했다. 아버지 홀란드가 맨시티에서 뛰던 시절 소년
홀란드는 아버지의 유니폼을 입곤 했는데 그중 하나를 올린 것이었다.
그리고 앞서 언급된 맨시티의 2022/23시즌 유니폼을 입은 홀란드의
옷피셜(옷+오피셜)이 공개됐다.

맨시티가 6월 13일에 홀란드 오피셜을 발표한 이유가 있었다. 그날이 아버지
알프잉에 홀란드가 과거 맨시티와 계약한 날이었기 때문이었다. 의미 있는
날에 아버지가 헌신하던 구단에 왔음을 발표한 아들. 그리고 어린 시절의
사진을 커서 오마주한 청년 홀란드. 아름다운 모습이었다.

같은 날 홀란드는 "오늘은 저와 제 가족에게 자랑스러운 날입니다. (아버지의
팀이기도 해) 저는 항상 맨시티를 지켜봤습니다. 최근 시즌에는 그렇게
하는 것이 (그들의 훌륭한 축구로 인해) 더 좋아졌습니다. 맨시티의 플레이
스타일에 감탄하지 않을 수 없었습니다. 흥미롭고 많은 기회를 만들어
냅니다. 제게 안성맞춤입니다"라고 전했다. 이어 "이 스쿼드에는 세계
정상급 선수들이 많이 있고 펩 과르디올라 감독님은 역사상 위대한 감독 중
한 명입니다. 그래서 저는 제 야망을 성취하기에 (맨시티가) 적절한 위치에
있다고 믿습니다"라고 설명했다.

홀란드는 "저는 골을 넣고, 트로피를 쟁취하고, 축구선수로서 발전하고
싶고 여기서 할 수 있다고 확신합니다. 이것은 저에게 훌륭한 움직임이며
프리시즌에 시작하기를 고대하고 있습니다"라고 덧붙였다. 아버지의 뒤를
이어 하늘색 유니폼을 입은 홀란드의 설레는 시작이었다.

2000  2001

LINE-UP

23
PAULO
WANCHOPE
파울로 완초페

10
SHAUN
GOATER
숀 고러

15
ALF-INGE
HAALAND
알프잉에 홀란드

18
JEFF
WHITLEY
제프 휘틀리

34
MARK
KENNEDY
마크 케네디

34
DANNY
TIATTO
대니 티아토

24
STEVE
HOWEY
스티브 하우이

7
SPENCER
PRIOR
스펜서 프라이어

22
RICHARD
DUNNE
리차드 던

4
GERARD
WIEKENS
제라드 비켄스

1
NICKY
WEAVER
니키 위버

'묠니르 휘두르는 토르' 홀란드

엘링 홀란드는 토르(Thor)와 똑 닮아 있었다.
'천둥의 신' 토르는 '광기와 지혜의 신' 오딘과 함께 북유럽 신화를 이끌어 가는 주신 중 한 명이다. 고운 머릿결을 가진 토르는 묠니르(Mjǫllnir)라는 망치를 무기로 싸운다. 이 망치로 자신을 막는 수많은 거인들을 물리치는 신이다. 잉글리시 프리미어리그(EPL)에 갓 입성한 홀란드는 이 토르와 똑 닮은 모습이었다. 금색의 고운 머릿결을 지닌 홀란드는 묠니르 대신 골이라는 무기를 휘두르며 EPL 입성 초기부터 그 무대를 폭격하기 시작했다.

사실 EPL 개막 전까지는 우려가 공존했다. 세계 최고의 리그로 손꼽히는 EPL에 홀란드가 녹아들 수 있을까 하는 걱정부터 시작해 적응 문제, 부상 문제, 전술 문제 등 다양한 것들이 걱정스럽게 제기됐다. 하지만 홀란드는 이를 모두 기우로 만들었다. 홀란드는 리그 데뷔전이었던 1라운드 웨스트햄 유나이티드 원정 경기에서부터 펄펄 날았다. 홀란드는 전반 34분 만에 페널티킥을 얻어 낸 뒤 직접 차 넣으며 데뷔전 데뷔골을 만들었다. 이어 후반 20분에는 케빈 더브라위너의 패스를 특유의 원터치 슛으로 마무리해 또다시 골망을 갈랐다.

홀란드는 그야말로 파죽지세였다. EPL 홈 데뷔전이었던 2라운드 AFC 본머스전에서는 킬패스로 일카이 귄도안의 득점을 만들며 리그 첫 도움을 신고했다. 3라운드 뉴캐슬 유나이티드전에서도 한 골을 넣었다. 홀란드는 4라운드 크리스탈 팰리스전에서 EPL 첫 해트트릭을 폭발시키며 팬들의 기립 박수를 받았다. 5라운드 노팅엄 포레스트전에서도 해트트릭을 기록했다. 왼발, 오른발, 헤더로 한 골씩을 기록하며 자신이 득점 병기 그 자체임을 보였다. 홈 2경기 연속 해트트릭이자, 전 경기 공격 포인트, 개막 후 5경기 9골 신기록은 덤이었다. 홀란드는 6라운드 아스톤 빌라 원정 경기에서도 더브라위너의 크로스를 환상적인 골로 연결시키며 6경기 연속 공격 포인트를 만들었다.

2022년 9월 7일 홀란드는 맨시티 소속으로 유럽축구연맹(UEFA) 챔피언스리그 경기를 갖게 된다. 이미 잘츠부르크, 도르트문트에서 활약한 UEFA 챔피언스리그라는

무대였기에 유니폼을 갈아입은 것은 적응에 어떠한 영향을 끼치지도 않았다.

홀란드는 세비야 FC전에서 멀티골을 폭발시키며 자신의 능력을 또 한 번 증명한다.

홀란드는 2022년 10월 2일 전반기 최고 경기라고 할 수 있는 맨체스터 유나이티드전 맹활약을 만들었다. 소속팀 맨체스터 시티의 지역 라이벌인 맨체스터 유나이티드와의 맞대결에서 홀란드는 그야말로 경이적인 플레이를 펼친다.

홀란드는 맨유전에서 3골 2어시스트를 폭발시켰다. 맨시티는 홀란드와 필 포든의 더블 해트트릭으로 6–3 압승을 거뒀다. 홀란드는 평점이 박하기로 유명한 프랑스 레키프로부터 평점 만점을 받기도 했다. EPL 첫 8경기에서 모든 경기 공격 포인트 기록을 이어 가는 한편, 역사상 처음으로 홈 3경기 연속 해트트릭이라는 전무한 기록을 만들었다. 홀란드는 이어진 사우스햄튼 FC전에서도 득점하며 9경기 연속 공격 포인트를 이어 갔다.

홀란드는 전반기에만 18골을 득점하며 그야말로 EPL 무대를 초토화했다. 맨체스터 시티를 지휘하며, 역대 최고의 감독으로 꼽히는 펩 과르디올라 감독조차도 "홀란드는 득점을 위해 태어난 선수입니다. 늘 언제나, 그가 이전부터 해 왔던 일(득점하는 일)을 합니다"라며 극찬을 보낼 정도였다. 홀란드는 갖은 기록을 경신시키며, 2022/23시즌 전반기 맨시티의 고공 질주를 이끌었다. 묠니르를 휘두르는 전진하는 토르처럼, 골을 폭발시키며 전진하는 홀란드를 막을 사람은 없었다.

03

'36득점'
잉글리시 프리미어리그
한 시즌 역대 최다골 경신

엘링 홀란드는 첫 시즌에 바로 역사를 썼다.
현재 세계 최고의 리그 중 하나로 손꼽히는 잉글리시
프리미어리그(EPL)다. 그런 리그답게 세계 최고의 선수들이
모여 경쟁을 펼친다. 그런 리그에서 1골이라도 득점하는
것은 얼마나 어려울 것인가 생각해 볼 때가 있다. 나를 향해
달려드는 최고 레벨 선수들의 틈바구니를 벗어나 기회를 잡고
완벽한 마무리를 하는 일. 쉽지 않을 것이라는 결론을 충분히
도출할 수 있다. 그 때문에 최고 레벨의 리그에서 경기당 1골
이상을 기록하는 것은 리오넬 메시, 크리스티아누 호날두
등 규격 외의 일부 선수들만 가능한 일로 여겨진다. 두 자리
수 이상 득점하는 선수들도 희귀하며, 한 자리 수 이하 혹은
득점을 하지 못하는 선수들도 많다. 그런 상황에서 20골 안팎을
넣으면 득점왕 경쟁을 펼치게 되는 것이 일반적이다.
그런 EPL에서 한 시즌 최다 득점 기록은 32골, 34골에서
경신되지 않고 머물러 있었다. 32골은 EPL이 현재와 같이 20개
팀 체제에서 나온 한 시즌 최다골 기록이었고, 34골은 EPL이
22개 팀으로 운영되던 시절에 나온 한 시즌 최다골 기록이었다.
EPL은 각 팀이 다른 팀들과 홈 앤드 어웨이로 총 2번 맞대결을
벌인다. 경기당 승리 시 승점 3점, 무승부 시 승점 1점, 패배
시 승점 0점을 가져가는 구조로 마지막에 총 승점으로 우승을
가리는 리그다. 즉 지금처럼 20개 팀 체제면 팀당 경기가
38경기고, 이전처럼 22개 팀 체제면 팀당 경기가 42경기였다.
단순히 시즌 득점왕을 넘어 EPL 역대 한 시즌 최다골 기록을
경신하는 것은 그래서 쉽지 않았다. 기존의 32골, 34골을
넘으려면 거의 경기당 1골은 넣어야 하는 것이기 때문이었다.

EPL이라는 세계 최고의 무대 중 한 곳에서, 최고의 선수들을 상대로 하며 득점하는 것도 어렵다. 그런데 거의 경기당 1골씩을 넣어야 기록을 새로 쓸 수 있었다. 그런데 홀란드가 그 어려운 것을 해냈다.

홀란드는 전반기에 일정상 팀이 절반(19경기)도 안 되는 15경기만 치렀지만 18골을 폭발시키며 이미 신기록 달성에 대한 기대를 높인 상황이었다. 이후 23경기에서 18골을 넣으며 마침내 신기록을 썼다. 홀란드는 31라운드 레스터 시티와의 경기에서 멀티골을 폭발시켰다. 첫 골로 31호 골을 기록하며 앨런 시어러, 크리스티아누 호날두, 루이스 수아레스의 EPL 한 시즌 개인 최다골 기록과 동률을 이뤘다. 그리고 두 번째 32호 골로 38경기 체제 역대 EPL 최다골 기록 보유자였던 모하메드 살라와 어깨를 나란히 했다. 홀란드는 33라운드 아스널 FC와의 경기를 자신의 파티 날로 만들었다. 이날 경기는 1위 팀과 2위 팀의 맞대결로 사실상 우승의 향방이 걸린 경기였다. 전반 7분 만에 케빈 더브라위너를 향한 패스로 어시스트를 적립한 홀란드는 마침내 후반 추가 시간 필 포든의 패스를 받아 득점했다. 기존 38경기 체제 최다골이었던 살라의 32골을 넘어 33이라는 새로운 기록을 쓰게 된 것이다.

홀란드의 질주는 여기서 그치지 않았다. 바로 이어진 34라운드 풀럼 FC전에서 전반 3분 만에 발생한 페널티킥을 차 넣으며 38경기 체제서 42경기 체제 최다골인 34골과 동률을 이뤘다. 그리고 또 다음 경기였던 28라운드 순연 경기 웨스트햄 유나이티드전에서 환상적인 칩슛으로 리그 35호 골로 역사를 새로 썼다. 그리고 홀란드는 36라운드 에버튼 FC전에서 헤더골로 리그 36호 골을 기록했다. EPL 입성한 첫 시즌에 역사상 한 시즌 최다골을 넣은 선수가 된 것이다.

다른 리그도 아닌 세계 최고의 리그 중 한 곳에 입성해 적응기 없이
역대 한 시즌 최다골 기록을 쓴 것이다. 순도가 낮은 것도 아니었다.
전반기 맨체스터 유나이티드와의 맨체스터 더비에서 나온
해트트릭을 포함해 팀에 골이 필요할 때 홀란드의 득점이 나왔다.
파악해도 막을 수 없는 홀란드였다. 전반기 18골을 뽑아낸 홀란드는
후반기 그의 플레이를 더욱 연구하고 나오는 상대 팀들의 견제에
시달렸다. 하지만 보란 듯 웃으며 후반기에도 똑같이 18골을
넣었다. 맨시티는 홀란드의 36골 신기록 속 리그 3연패를 달성하며
웃을 수 있었다. 사실 맨시티는 세르히오 아구에로 이후 오랜
공격수 가뭄을 겪었다.
공격수 없이 플레이하는 펄스 나인 전술(False Nine, 공격수를
의미하는 9번 역할을 가짜로 하는 선수를 두는 전술)은 물론 필
포든과 케빈 더브라위너라는 두 명의 미드필더를 더블 펄스 나인
전술(Double False Nine, 공격수를 의미하는 9번 역할을 가짜로
하는 선수가 2명)으로 운용하는 전술을 펴기도 했다. 하지만
홀란드라는 확실한 공격수가 오면서 그런 온몸 비틀기를 할 필요가
없어졌다. 신기록을 갈아치우며 골을 생산하는 득점 기계가 있었고,
팀은 손쉽게 우승컵을 들어 올렸다.

04

맨체스터 시티의 성장과 2022/23시즌 위업 그 핵심 홀란드

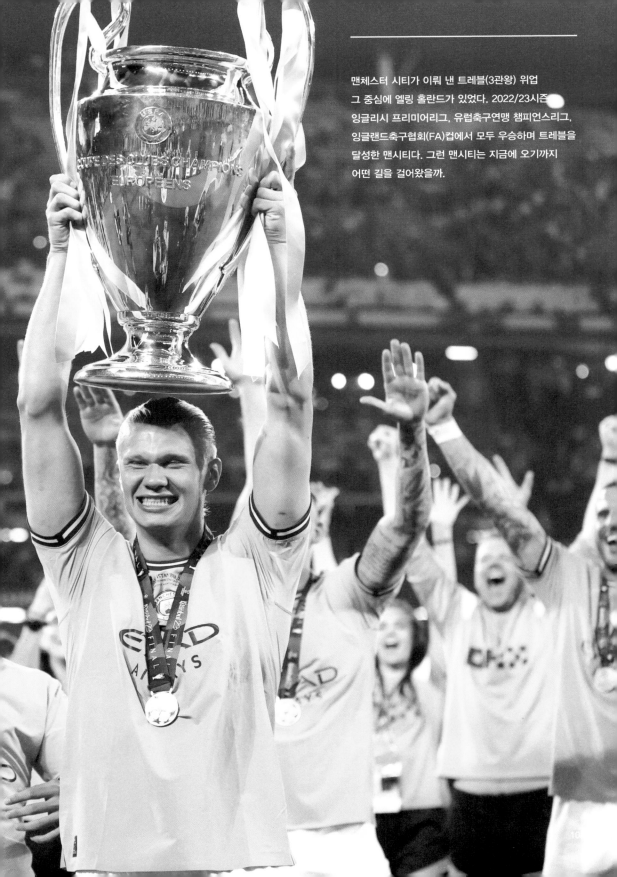

맨체스터 시티가 이뤄 낸 트레블(3관왕) 위업
그 중심에 엘링 홀란드가 있었다. 2022/23시즌
잉글리시 프리미어리그, 유럽축구연맹 챔피언스리그,
잉글랜드축구협회(FA)컵에서 모두 우승하며 트레블을
달성한 맨시티다. 그런 맨시티는 지금에 오기까지
어떤 길을 걸어왔을까.

영국 노스웨스트잉글랜드지역 그레이터맨체스터주에서도 중심부인
맨체스터에 위치한 맨시티는 팬들이 자랑스러워할 만한 역사를 가진 구단이다.
1880년 맨시티의 연고지 맨체스터에는 실업자들이 가득했다. 일자리를 잃고
방황하며 심지어 범죄자로 전락하기도 하는 사람들이 생겨났다. 맨체스터 목사
아서 코넬은 이런 문제를 해결하고자 했다.

코넬 목사를 중심으로 맨시티의 전신인 세인트 마크스 웨스트 고튼 팀이
창단됐다. 이 작은 축구팀은 실업자들을 포함해 힘든 이들을 품었다. 축구를
통해 사회를 바꿔 놓았다. 축구라는 아름다운 기치 아래 모인 그들은 자신의
힘듦을 이겨 냈고, 함께 호흡하며 성장했다. 그들은 맨체스터라는 도시 내의
선한 영향력이 됐다. 1889년 맨체스터 탄광 폭발 사고 때 맨시티는 뉴턴 히스
FC(맨체스터 유나이티드의 전신)와 함께 자선 경기를 치렀다. 지역 주민들의
아픔을 달래고자 하는 의도였다. 선순환을 일으키는 팀 그 자체였다.

성적도 역시 나쁘지 않았다. 1936/37시즌, 1967/68시즌 이미 1부 리그를
제패한 맨시티다. FA컵 역시 셰이크 만수르 구단주 입성 이전에만 4차례
우승했다. 하지만 이런 맨시티가 1990년대 말 위기를 맞았다. 팀이 3부
리그까지 떨어진 것이다.

하지만 맨시티는 다시 반등에 성공했다. 3부 리그 시절 1998/99시즌 기적적인 역전극으로 2부 승격을 만든 것은 그 시작이었다. 해당 시즌 3부 리그에서 풀럼 FC, 왈솔 FC에 밀려 3위를 기록한 그들은 2부 리그 승격 플레이오프를 치르게 된다. 결승까지 다다른 맨시티의 상대 팀은 질링엄 FC. 양 팀은 웸블리 스타디움에서 단판 승부를 벌이게 된다. 후반 42분까지 맨시티는 지옥 속에 있었다. 0-2로 밀리고 있던 맨시티는 이대로라면 3부 리그 잔류가 유력했다. 케빈 할록의 골로 1-2를 만들었지만, 경기 종료가 다가오고 있었다.

그때 스트라이커 폴 디코프가 팀을 구해 냈다. 디코프는 후반 49분 상대 박스 안에서 결정적인 슈팅을 통해 승부를 원점으로 돌렸다. 맨시티는 승부차기 끝에 우승, 2부 리그로 향하게 된다. 이후 맨시티는 1부 리그 복귀하는 것에 성공했고, 1부 리그 붙박이 클럽이 됐다. 이후 2008년 셰이크 만수르 구단주의 자금이 투입되며 클럽이 비약적으로 성장했다.

맨시티의 현재를 만든 큰 부분이 돈이지만, 돈이 모든 것이었다고는 할 수 없다. 맨시티는 풍부한 자금이 바탕이지만, 그 위에 철저한 계획을 세우고 이를 따라 성공 가도를 달리고 있는 팀이기 때문이다.

맨시티는 2008년 만수르 구단주 부임 직후에는 장점이 된 자금력을 적극 활용했다. 돈을 활용해 스타들을 모으고 결국 2011/12시즌에 이르러 감격의 EPL 우승을 달성했다. 많은 돈을 써도 투자들이 실패로 귀결된다면, 절대 우승을 달성할 수 없다. 맨시티는 적절한 기준 아래, 적절한 판단을 내려 훌륭한 선수들을 영입했고 그렇게 첫 우승을 달성했다.

며칠이 지나 우승 트로피를 차지했다는 게 실감 나면,
다시 한번 우승에 도전하고 싶다는 마음이 들 겁니다.
나는 나를 잘 압니다.
분명히 그런 생각을 하게 될 겁니다.

ERLING HAALAND

첫 우승 이후에도 그들의 발전 욕구는 사그라지지 않았다. 맨시티는 첫 우승
이후 롤모델을 통해 경영 모델을 구체화하며 클럽을 운영했다. 당시 롤모델은 FC
바르셀로나. 맨시티는 바르사의 경영을 벤치마킹하는 것을 두려워하지 않았다.
2012년 바르사 출신인 치키 베히리스타인이 단장으로 부임하면서 해당 움직임은 좀
더 구체화됐다. 좋은 것은 유지하고, 나쁜 것은 버렸다. 선진화된 구단에 2016년 펩
과르디올라 감독이 부임하면서 클럽은 또다시 도약했다. 과르디올라 감독의 능력이
맨시티를 바꿔 놨지만, 동시에 그런 감독이 애정을 가지고 맨시티에서 일을 할 수
있게 만든 것은 구단의 공이라고 할 수 있다.
이제 맨시티는 전 세계가 선망하는 클럽으로 성장했다. 해마다 우승컵을 쓸어 담고
있다. 전 세계 구단 중 돈이 많은 구단은 여럿이지만, 그들만큼의 성공 스토리를
쓴 클럽은 찾기 힘들다. 자금과 구단의 실력이 합쳐지면 큰일을 이룰 수 있다는
꿈을 하부 클럽들에게도 심어 준 셈이다. 다만 최근까지 유럽축구연맹(UEFA)
챔피언스리그 우승은 해결되지 않던 마지막 과제였다. 맨체스터 시티는 강력한 우승
후보로 거론됐지만, 트로피를 들어 올리지 못하고 대회를 마감했다.
국내에서 빼어난 성적을 올리는 맨시티가 번번히 UEFA 챔피언스리그에서 무너진
이유로는 다양한 이유가 꼽혔다. 그중 하나는 확실한 최전방 스트라이커의 부재였다.
맨체스터 시티는 좋은 감독, 좋은 선수들로 능동적인 축구를 펼치며 경기를 주도했다.
하지만 축구는 골의 스포츠이기에 공을 아무리 쥐고 있어도 득점하지 못하면 승리할
수 없다. 맨체스터 시티는 번번히 그 한 단계가 모자라 좌절했다.
맨체스터 시티는 세르히오 아구에로 이후 최전방 스트라이커 쪽에 고민을 안고
있었다. 2022/23시즌에는 한 명의 미드필더를 가짜 공격수로 기용하는 펄스 나인
전술, 두 명의 미드필더를 가짜 공격수로 기용하는 더블 펄스 나인 전술을 쓰기도
했다. 하지만 홀란드의 맨체스터 시티 입성 이후 공격수 고민은 옛 이야기가 됐다.
홀란드는 맨체스터 시티에 입성 후 득점을 폭발시켰고, 맨체스터 시티는 고민을 지워
냈다. 홀란드와 함께 맨체스터 시티는 마침내 2022/23시즌 UEFA 챔피언스리그를
제패했고, 이는 3관왕 위업으로 연결됐다.
UEFA 챔피언스리그 우승으로 정점을 찍으며 빼어난 성공을 이뤄 낸 맨시티. 그들은
이제 현대 빅클럽들의 성공의 완벽한 모델이 됐다. 맨시티는 이에 만족하지 않고
새로운 역사를 위해 나아갈 예정이다. 그들의 질주가 기대되고 그 중심에는 여전히
홀란드가 있다.

트레블 전술  인버티드 센터백

COLUMN 전술적 이점을 가져가면서 엘링 홀란드까지 있으니 금상첨화였다.

펩 과르디올라 감독이 지휘하고, 그 안에서 홀란드가 핵심이 돼 이뤄 낸 트레블이다. 전술적인 견지
에서 바라보자면 트레블에 핵심적인 역할을 했던 것은 인버티드 센터백 전술이라고 할 수 있다. 대개 3-2-4-1 포메
이션이라고 분석되는 인버티드 센터백 전술이다. 이 전술에 대해 이해를 하기 위해서는 이것이 나온 과정에 대한 이
해가 필요하다.

포메이션은 영문 단어 그대로 '포진'을 의미하는 말이다. 전쟁에서 포진이 승패에 결정적인 영향을 끼치듯 축구에서
포메이션 역시 그러하다. 물론 특정 포메이션이 필승 혹은 필패를 만드는 것은 절대 아니다. 하지만 어떤 포메이션을
어떻게 운용하는지는 승패에 막대한 영향을 끼친다. 많은 포메이션들 중에서도 4-4-2는 가장 기본적인 포메이션으
로 꼽힌다. 복수 이유가 있지만 4-4-2 포메이션은 각 선수들이 커버해야 할 공간이 가장 균등한 포메이션이기 때문
이다. 선수들 주변에 사각형을 그리고 그 부분을 수비 담당 구역이라고 가정하면, 4-4-2 포메이션이 가장 균일하게
수비 담당 구역을 가져가게 된다.

예를 들어 4-4-2 포메이션의 수비 커버 범위를 3-5-2 포메이션의 수비 커버 범위와 비교해 보자. 3-5-2 포메이션과
비교하면 해당 포메이션은 중원 지역은 5명이 위치하고, 수비 지역에는 3명이 위치한다. 그 때문에 4-4-2와 비교해
미드필더들이 커버해야 할 공간은 4-4-2 미드필더들에 비해 일반적으로 적다.

하지만 3-5-2 수비수들은 4-4-2 수비수들에 비해 커버해야 할 공간이 일반적으로 많다. 체력 좋은 선수를 많은 공간을 커버해야 하는 위치에 놓거나, 다른 전술적 지시를 통해 커버 범위를 넓히는 방법이 있을 수 있다. 하지만 일반적인 관점에서 4-4-2가 선수별로 균등한 범위를 가져가고, 이를 통해 이점을 가져갈 수 있다는 것을 부정하기는 힘들다.

2000년대 극초반까지만 하더라도 4-4-2 포메이션은 아주 사랑받는 포메이션 중 하나였다. 특히 잉글랜드에서 그러했다. 앞서 언급됐듯이 수비 시에 선수들이 효율적으로 공간을 분담할 수 있었다. 지공 상황에서는 돌파와 킥이 뛰어난 측면 미드필더들이 중앙 공격수들을 향해 크로스를 올려 줘 헤더 득점을 만드는 패턴을 쓰기 쉬웠다. 속공 상황에서는 중앙 미드필더들이 전방으로 침투하는 공격수들에게 단번에 공을 연결하며 잉글랜드 특유의 킥 앤드 러시를 감행할 수 있었다. 라이언 긱스와 데이비드 베컴이라는 훌륭한 좌우 윙어를 두고 트레블을 이뤄 냈던 1999년 맨체스터 유나이티드가 4-4-2 포메이션의 대표적인 팀이었다.

하지만 전술의 발달로 4-4-2 포메이션은 점점 힘을 잃어 갔다. 이에 투톱 중 한 명을 전문 플레이메이커로 활용하는 4-4-1-1, 4-2-3-1을 거쳐 4-3-3 포메이션이 4-4-2 포메이션을 대체하게 됐다. 4-3-3 포메이션은 4-4-2 포메이션과 비교해 봤을 때 미드필더 숫자를 한 명 늘리고, 공격수를 한 명 줄이는 포메이션이다. 그리고 좌우 윙어를 좌우 윙포워드로 올리는 포진이다. 4-3-3 포메이션은 4-4-2 포메이션에 비해 늘어난 한 명의 미드필더로 수비 라인을 보호해 줄 수 있었다.

반대로 한 명 줄어 버린 공격수 숫자로 인해 대책을 강구해야 하는데, 그래서 나온 것이 바로 인버티드 윙어(반대발 윙어)였다. 4-3-3 포메이션의 윙포워드들은 4-4-2 포메이션의 윙어들보다 득점에 보다 더 관여해야 한다. 공격수 한 명이 줄어들면서 손해 본 득점력을 채워 줘야 하기 때문이다. 그 때문에 오른발잡이가 오른쪽, 왼발잡이가 왼쪽에 서서 한 명으로 줄어 버린 공격수를 향해 단순히 크로스에 집중하는 전술로는 득점력 증대를 기대하기 어려웠다. 그래서 당시 4-3-3 포메이션을 쓰는 감독들은 새로운 시도를 하게 되는데 바로 오른발잡이를 왼쪽에, 왼발잡이를 오른쪽에 주로 위치시키는 것이었다. 이렇게 되면 정면을 바라보며 돌파하다 주발로 크로스를 올릴 수는 없게 된다. 대신 골문 쪽으로 바라보고 슈팅 각도가 더 커지는데, 이를 통해 윙포워드들의 득점력 증대를 꾀할 수 있었다. 오른발잡이 조 콜을 왼쪽에, 왼발잡이 아르옌 로벤을 오른쪽에 위치시킨 2005/06시즌 주제 무리뉴 감독의 첼시 FC가 대표적인 팀이었다.

이렇게 윙포워드들이 자신의 주발과 반대편에 위치하게 된 후에도 좌우 풀백들은 그대로 정발 위치에 섰다. 오른발잡이 풀백은 라이트백으로, 왼발잡이 풀백은 레프트백으로 서는 식이었다. 이는 풀백의 경우 기본적으로 수비수고, 4-4-2 포메이션의 윙어처럼 오버래핑 후 크로스 정도만 지원해 주면 됐기 때문이다. 그리고 그것이 당연스럽게 여겨졌다. 하지만 혁신가 과르디올라 감독은 이 당연스러운 생각에 갇히지 않았다. 남다른 창의력으로 윙어 혹은 윙포워드들에 국한됐던 인버티드 역할을 풀백들에게도 부여했다. 과르디올라 감독은 이를 구체화하면서 오른발잡이 풀백 주앙 칸셀루를 왼쪽에 뒀다. 이후 레프트백 칸셀루에게 왼쪽으로 오버래핑(공 가진 선수 바깥쪽으로 도는 플레이) 후 크로스를 하는 것이 아니라, 주발을 활용해 언더래핑(공 가진 선수 안쪽으로 도는 플레이)을 할 수 있게끔 했다.

맨시티의 인버티드 풀백을 막아야 하는 상대 수비수들로서는 그저 악몽이었다. 자신의 매치업인 윙포워드를 봉쇄하기도 바쁜데, 풀백이 그 주변으로 움직이며 공을 잡는다. 순간적으로 수적 열세 상황에 놓이게 된다. 그뿐만 아니라 우위를 얻게 된 윙포워드 혹은 풀백들이 슛이나 크로스를 가져가 자신의 팀을 붕괴시키는 것을 바라만 볼 수밖에 없었다. 이 역할을 부여받은 칸셀루는 최고의 공격형 풀백으로 자리매김하며, 맨시티의 승승장구에 큰 역할을 했다.

하지만 칸셀루가 2022/23시즌 도중 출전 시간에 불만을 품으며 과르디올라 감독의 통제를 벗어났다. 과르디올라 감독은 칸셀루를 과감히 쳐 내면서, 또다시 새로운 전술을 강구해야 하는 상황에 놓였다.

칸셀루가 이탈하고, 카일 워커가 부상으로 신음하면서 과르디올라 감독은 풀백들의 부재로 포백 구성에 어려움을 겪었다. 이 때문에 궁여지책으로 센터백들을 좌우 풀백으로 세우게 됐다. 이른바 포터백이다. 하지만 인생사 새옹지마라고 했던가. 이 포터백 때문에 인버티드 센터백이라는 전술이 탄생하게 됐다.

센터백들은 보다 전문 수비수에 가깝다. 아무래도 풀백들에 비해 공을 다루는 능력이나 공격 능력이 떨어진다. 어쩔 수 없이 맨시티가 포터백을 쓰게 되면서 과르디올라 감독은 공격력 하락을 맞닥뜨리게 될 수밖에 없었다.

네 명의 센터백을 쓰는 구성에서 어떻게 이들을 활용해 공격을 지원할까 고민하던 과르디올라 감독은 인버티드 센터백 전술을 탄생시킨다. 측면 풀백들을 활용해 공격에서 이점을 가져가는 것이 어렵다면 중앙 센터백을 올린다는 구상이었다. 과르디올라 감독은 인버티드(반대발 활용)를 센터백들에게도 적용하기로 한다.

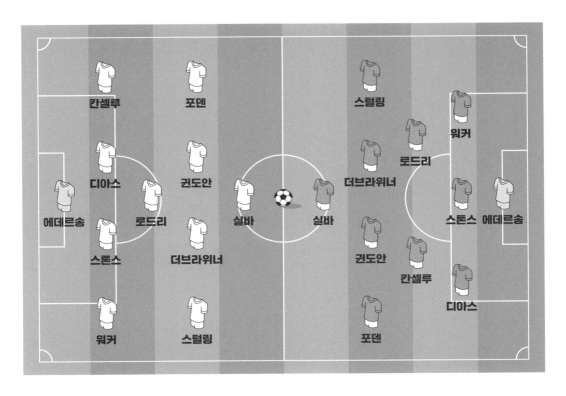

2020/21시즌 인버티드 풀백, 수비 시 포진 4-1-4-1: 공격 시 포진 3-2-4-1

과르디올라 감독은 수비적인 포백을 구성한 뒤 센터백 자리에 위치한 존 스톤스에게 자율을 부여했다. 오른발잡이 스톤스는 공격 상황에서 주로 왼쪽 대각선으로 움직이며(인버티드) 순간적으로 미드필더처럼 뛰게 했다. 이렇게 되면 맨시티의 4-1-4-1 포메이션은 순간적으로 3-2-4-1 포메이션으로 변화한다. 맨시티는 스톤스의 움직임을 통해 미드필드 지역에서 순간 적인 수적 우위를 점유하게 됐다. 맨시티는 계속해서 삼각 대형을 만들며 손쉽게 패스로 상 대 지역까지 전진했고, 이후 많은 기회를 만들며 득점했다. 수비 시에는 촘촘히 자리한 맨시 티 선수들이 순간적으로 압박을 가하면서 공을 탈취했다. 공을 가져오는 데 실패하더라도 후 방에 위치한 스톤스를 제외한 수비수 3명이 단단한 수비를 펼치며 실점을 막았다. 이 전술은 맨시티의 트레블에 큰 역할을 했다. 다만 이 인버티드 센터백 역시 홀란드가 없었다면 화룡 점정을 찍을 수 없었다. 순간적인 인버티드 센터백 롤은 수적 우위와 볼 점유율 향상을 가져 올 수는 있다. 하지만 그렇게 향상시킨 수적 우위와 볼 점유율도 궁극적으로는 득점으로 연 결돼야 가치가 있는 법이다.

맨시티의 공격수가 홀란드가 아니라 결정력이 좋지 않은 어떤 선수라고 가정해 보자. 맨시티 가 전술의 힘으로 손쉽게 상대 위험 지역에 도달했다고 하자. 하지만 결정력이 좋지 않은 어 떤 선수로 인해 득점에 실패한다면? 아무 의미가 없는 것이다. 득점하지 못하는 상황에서 상 대 공격을 무한정 봉쇄할 수는 없는 법. 맨시티의 좋은 전술도 결국 실패로 귀결될 수 있었 다. 그러나 홀란드는 전술로 향상시킨 수적 우위와 볼 점유율에서 나온 기회를 득점으로 치 환해 줬다. 그 때문에 과르디올라호의 인버티드 센터백 전술은 화룡점정을 찍었고, 맨시티는 막기 힘든 팀이 됐다.

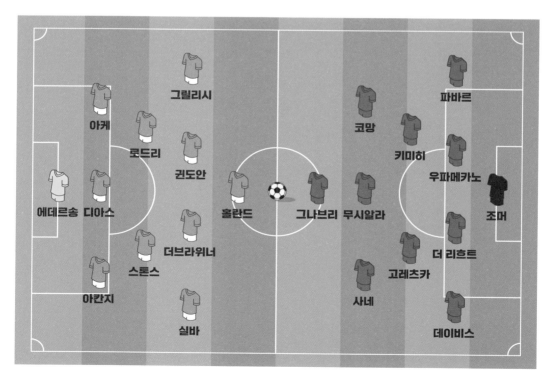

2022/23시즌 UCL 8강 1차전, 맨체스터 시티 3-2-4-1 : FC 바이에른 뮌헨 4-2-3-1

"

홀란드와 음바페는 놀라운 한 해를 보냈고 모든 것을 성취했다.
분명 앞으로 몇 년 안에 발롱도르를 들어 올릴 것이다.

_ 리오넬 메시

ÁSGARÐR

홀란드가 살게 될 또 다른 신들의 땅 : 아스가르드

북유럽 신화에서 아스가르드는 바나헤임과 구분되는 또 다른 신들의 땅이다.
홀란드가 앞으로 걸을 길도 신들의 땅이 아닐까.

01 '모든 것을 통제한다'
홀란드의 무서운 자기 관리

홀란드의 압도적인 피지컬과 운동 능력은 그냥 얻어진 것이 아니다. 195cm의 키에 88kg의 체중. 독일 언론 '키커'에 따르면 이 거구의 스트라이커가 최고 속력 36.30km/h로 수비수를 향해 돌진한다. 이 선수를 제어한다는 생각이 들기 앞서 위압감을 느낄 수밖에 없다. 그의 이런 피지컬과 운동 능력을 보고 있으면 경이로움이 느껴질 정도다. 하지만 그 어떤 것도 대가 없이 얻는 것은 없다. 홀란드는 경기장에서 그런 퍼포먼스를 내기 위해 철저한 자기 관리를 한다. 질 높은 수면이 그 첫걸음이다. 홀란드의 하루는 눈을 떠 자신의 입에 붙였던 테이프를 떼는 것으로 시작한다. 홀란드는 2023년 크리에이터 로건 폴과의 인터뷰에서 "수면이 세상에서 가장 중요한 것이라고 생각해요"라고 말한 바 있다. 홀란드는 그 때문에 최고의 수면을 취하기 위해 엄청난 노력을 기울인다. 입을 테이프로 막아 코로만 호흡하는 것도 그러한 노력의 일부분이다. 테스 달리와 기네스 펠트로 등 유명 스타들이 쓰는 방법이기도 하다.

2023년 9월 영국 언론 '더 선'은 홀란드의 이 방식을 집중 조명했다. 매체는 구강 테이프 업체의 알렉스 나이스트, 동런던의 요가 강사 나탈리 데일의 말을 인용해 이러한 홀란드의 방식이 "코로 하는 비강 호흡은 코털의 힘으로 알레르기 원인 물질, 먼지 등이 폐로 들어가는 것을 막는다. 감기 등 병에 걸릴 확률을 낮추고 호흡을 느리게 해 스트레스를 완화시킨다"라고 전했다.

이어 "또 입으로 호흡하면 더 많은 이산화탄소를 내쉬게 된다. 산소를 근육으로 전달하는 과정에서 이산화탄소가 필요한데, 구강 호흡으로 이산화탄소가 적으면 신체의 근육이 흡수하는 산소량이 줄어든다. 비강 호흡은 이를 막아 준다. 또 비강 호흡으로 혈액에 산소가 더 많이 공급될 수 있고 이를 통해 수면의 질이 향상되며, 이후 낮 시간에 피로, 배고픔, 기분 변화가 줄어든다. 또 비강 호흡은 혈압을 낮추고, 폐활량을 향상시키는 등 다른 이점도 있는 것으로 알려졌다"고 보도했다. 하지만 이를 맹신해서는 곤란하다. 또 다른 수면 전문가인 케리 데이비스는 "비강 호흡을 시도하는 것에 있어 조심하라고 말씀드리고 싶습니다. 수면 무호흡증이 있는 경우 특히 위험합니다. 숨을 헐떡이는데 입을 열 수 없는 상황이라고 생각해 보세요. 또 입 테이핑은 수면 관련 불안을 부추길 수도 있습니다"라고 경고했다. 홀란드의 수면법에 대해 옳다, 그르다의 이야기를 하는 것이 아니다. 그저 홀란드가 최고의 수면을 위해 전문가들과 최선의 노력을 기울이며 몸 관리를 하고 있다는 것에 주목하는 것이다.

홀란드는 2022년 자국 다큐멘터리 『Haaland: The Big Decision』에 출연해 자신의 일상 일부를 공개했다. 이에 따르면 홀란드는 수면에 이어 식사에서도 각별한 신경을 쓰고 있었다. 홀란드는 필터로 불순물을 걸러 정제된 물을 마시며 하루를 시작한다. 여러 개의 필터로 엄청나게 정제된 물이다. 이것이 홀란드의 몸에 얼마나 좋을지 알 수 있다.

홀란드는 폭발적인 힘과 스피드를 내기 위해 하루에 6,000kcal를 섭취한다. 물론 모두 좋은 음식이다. 비타민 D, B12, 셀레늄, 요오드 등이 풍부한 연어는 그런 홀란드가 즐겨 먹는 음식 중 하나다. 홀란드는 싱싱한 연어를 먹기 위해 맨체스터 시티 측에 직접 요청해 노르웨이 레스토랑 주방 직원들을 데려오기도 했다. 이 외에도 시금치와 케일, 우유를 넣은 스무디를 정기적으로 마시며, 크레아틴 등 좋은 성분을 얻기 위해 소의 심장과 간도 섭취한다.

홀란드가 뛰고 있는 잉글리시 프리미어리그(EPL), 유럽축구연맹(UEFA) 챔피언스리그 등 최고 수준의 무대에서는 작은 차이가 큰 차이를 만들어 낸다. 홀란드는 이를 위해 몸 관리에 온 노력을 쏟고 있는 것이다. 외적인 것들만 신경 쓰는 것이 아니다. 내적인 축구 부분에서도 그는 철저히 준비를 한다. 제시 마시 등 그를 지도했던 감독들은 공통적으로 "홀란드는 팀에서 가장 늦게까지 훈련하는 선수 중 한 명입니다"라고 말한다.

또 2024년 8월 펩 과르디올라 감독은 맨시티 공식 홈페이지를 통해 "홀란드는 정말 놀라운 선수입니다. 팀의 리더이기도 합니다. 훈련이 끝난 후에도 더 남아서 슛과 크로스 연습을 하는 선수죠. 라커룸에서 그의 영향력은 날이 갈수록 커지고 있습니다"라고 말했다. 연습 벌레 홀란드를 알 수 있는 부분이다. 홀란드는 훈련이나 경기가 끝나면 얼음물로 목욕을 해 회복에 최선의 노력을 기울인다. 물리치료사와 항상 함께하며 자신의 몸 상태가 현재 어떤지 확인하는 것도 잊지 않는다. 시간이 나면 명상으로 마음을 다스리는 것도 잊지 않는다.

시즌이 아닌 비시즌의 경우 이비사섬에서 휴가를 보내며 그간 쌓인 스트레스를 풀며 정신 건강을 회복한다. 그러면서 브뤼네로 돌아가 아버지와 벌목과 등산을 하며 기분 전환을 하기도 한다. 시즌이든 비시즌이든 일과가 끝나면 홀란드는 다시 똑같은 루틴으로 잠을 잔다. 자외선을 차단하는 안경을 껴 빛을 차단하고, 숙면에 든다. 가끔은 감각을 위해 공을 안고 자기도 했다. 어떻게 이렇게 모든 것에 철두철미하고 몸을 생각하며 움직일 수 있을까 놀라운 감정이 드는 일과다. 하지만 이런 노력 하나하나가 경기장에서의 폭발적인 모습을 만들었다.

누가 신들의 땅에 입성할까?
또 누가 신들의 땅에서 치러질 전쟁에서 승리할까?

축구는 전 세계를 아우르는 스포츠다.
그 때문에 전 세계 어디든 축구 선수들을 찾아볼 수 있다.
하지만 그 많은 축구 선수들 중에 압도적인 실력을 바탕으로 신으로 불리며 추앙받는 선수들은 극히 일부다.
빼어난 활약을 이어 가고 있는 홀란드는 신들의 땅에 입성할 수 있는 선수로 꼽힌다.
또 그 안에서도 많은 영역을 가져갈 수 있는 가능성이 존재하는 선수로 꼽힌다.
그와 경쟁할 수 있는 선수들은 누가 있을까?

전쟁을 펼칠 선수들

비니시우스 주니오르
J Ú N I O R

2000년생 / 레알 마드리드 / 브라질 국가대
표 / 윙포워드

드리블, 스피드, 밸런스, 수비 가담까지.
모든 방면에서 빼어난 능력을 보여 주는
선수다. 마무리 능력 또한 날로 발전해
이제는 손꼽히는 수준에 이르렀다. 보
는 팬들을 즐겁게 할 수 있는 능력을 보
유한 선수다. 비니시우스는 지난 2015년
열린 남미 15세 이하 대회에서 브라질 15
세 이하 국가대표로 활약하며 맹활약했
다. 될성부른 떡잎을 알아본 레알은 플
라멩구에 4,500만 유로라는 엄청난 금
액에 그를 영입했다. 과소비라는 이야기
가 있었지만, 이는 바겐세일이 됐다. 비
니시우스는 플라멩구 재임대를 거쳐 레
알에서 천천히 성장했다. 계속해서 자신
에게 주어진 퀘스트를 완료하며 성장한
그는 레알 마드리드의 UCL 우승을 견인
하는 한편, 브라질의 핵심 선수가 됐다.

필 포든
F O D E

2000년생 / 맨체스터 시티 / 잉글랜드 국가
대표 / 공격형 미드필더

부드러운 퍼스트 터치를 비롯해 아무리
강하게 오는 공이라도 자신을 향해 잡아
둘 수 있는 선수다. 공을 가진 뒤에 저돌
적인 드리블을 통해 상대 수비진을 허물
어 버린다. 순간적인 폭발력으로 수비를
무너뜨리는 모습은 공포 그 자체다. 슈
팅력 역시 빼어나다. 포든은 8세 때 맨시
티 유스 코치인 조 마틴에게 스카우트돼
아카데미에 입단했다. 이후 맨시티가 애
지중지하는 재목으로 손꼽혔다. 2017/18
시즌 1군 데뷔에 성공한 포든은 팀에 녹
아들기 시작했다. 포든은 맨시티에 안착
한 뒤에는 특유의 드리블처럼 폭발적인
모습을 보이며 팀의 핵심으로 활약 중이
다. 맨시티의 트레블 및 리그 4연패 그리
고 6회 우승에 힘을 보탰다. 2023/24시
즌이 끝난 뒤에는 PFA 올해의 선수, PL
올해의 선수, FWA 올해의 선수를 모두
석권하며 패왕의 모습을 보였다.

윌리엄 살리바
S A L I B A

2001년생 / 아스널 FC / 프랑스 국가대표 / 센터백

피지컬, 속도, 수비, 빌드업 등 현대 축구에서 요구되는 센터백의 능력을 거의 모두 보유한 선수다. 일찍부터 프랑스에서 주목받은 선수로 공격에 킬리앙 음바페가 있다면, 수비에는 그가 있었다. 이미 자신의 첫 클럽인 AS 생테티엔 시절부터 프랑스 전역의 주목을 받는 유망주였다. 살리바는 2019년 아스널 FC로 이적했다. 생테티엔 재임대, OGC 니스 임대, 올랭피크 드 마르세유 임대 등 3년 연속 임대를 다니며 아스널과의 인연이 아닌가 하는 이야기도 나왔다. 하지만 2022/23시즌부터 아스널에서 중용되기 시작했다. 살리바는 자신의 기대치에 걸맞은 활약을 보여 주며 리그 베스트11에 계속 포함되는 등 활약을 이어 가고 있다. 아스널의 반등에 큰 영향을 끼친 선수다.

주드 벨링엄
B E L L I N G H A M

2003년생 / 레알 마드리드 / 잉글랜드 국가대표 / 중앙 미드필더

미드필더 전 지역에서 능력을 보여 줄 수 있는 미드필더다. 피지컬을 이용한 탱크 같은 드리블에 정확한 패스, 남다른 정신력을 지닌 선수다. 팀의 위기 때 클러치 능력을 발휘해 득점을 올려주는 선수이기도 하다. 벨링엄은 2019년 7월 16세의 나이에 버밍엄 시티 1군에 포함돼 구단 최연소 등록 기록을 새로 썼다. 19일 후 데뷔에도 성공했다. 16세 63일에 버밍엄 구단 역대 최연소 득점 기록도 썼다. 벨링엄이 뛰던 당시 버밍엄은 3부 강등 위기였는데, 그가 이를 막았을 뿐 아니라 보루시아 도르트문트로 이적하면서 많은 이적료를 안겨 10대의 나이에 영구 결번이 됐다. 벨링엄은 도르트문트에서도 맹활약하며 전 유럽이 주목하는 미드필더가 됐다. 그리고 2023년 레알 마드리드에 입성해 엘 클라시코 득점을 포함 펄펄 날리며 라리가 우승, UCL 우승을 견인했다.

페드리 곤살레스
GONZÁLEZ

2002년생 / FC 바르셀로나 / 스페인 국가대
표 / 중앙 미드필더

작은 체구에서 나오는 민첩한 몸놀림과
정교하고 간결한 볼 컨트롤을 보고 있으
면 감탄이 나온다. 축구 센스가 뛰어나
고 활동량 또한 놀랍다. 탁월한 패스로
상대 수비를 무력화시키며 팀의 템포 또
한 올려 주는 선수다. 스페인령으로 본
토와 멀리 떨어진 섬 라스 팔마스에서
태어난 희대의 천재. 리오넬 메시의 FC
바르셀로나 마지막 시즌에 함께하며 재
능을 인정받은 미드필더. 훌륭한 실력
때문에 휴식을 갖지 못해 부상에 시달
리기도 했다. 하지만 이제 이를 극복하
고 다시 펄펄 날 준비를 마친 상황이다.
페드리의 존재감은 말로 설명할 수 없을
정도로 엄청나다.

부카요 사카
SAKA

2001년생 / 아스널 FC / 잉글랜드 국가대
표 / 윙포워드

빠른 스피드와 환상적인 기술. 잘 잡힌
밸런스를 바탕으로 상대를 뚫어 내는 윙
포워드. 단순히 윙포워드만 가능한 것이
아니라 축구 지능이 훌륭해 좌우 풀백까
지도 소화가 가능하다. 사카와 측면에서
1대1로 조우하게 됐다면 그를 제어하는
것은 어렵다. 유로파리그 등에 출전하
며 천천히 눈도장을 찍은 사카다. 2019
년 당시 레프트백들의 줄부상으로 본 포
지션인 오른쪽 윙포워드가 아닌 레프트
백으로 출전하며 서서히 입지를 넓히기
시작했다. 이후 본 포지션으로 돌아왔고
아스널의 핵심으로 성장했다. 사카는 잉
글랜드 대표팀에서도 중심으로 자리잡
았다. 비록 유로 2020에서는 페널티킥
실축으로 고개를 숙였지만, 이를 극복
하고 다시 돌아와 잉글랜드의 든든한 한
축으로 활약을 이어 오고 있다.

플로리안 비르츠
WIRTZ

2003년생 / 바이어 04 레버쿠젠 / 독일 국가대표 / 공격형 미드필더

간결함으로 상대 수비수들을 공포로 몰아넣는 선수. 천부적인 센스를 바탕으로 패스와 움직임을 가져가 팀을 편하게 한다. 빠른 속도를 가지고 있고, 킥도 좋아 그를 제어하는 것은 매우 어렵다. 비르츠는 좋은 흐름을 이어 오던 중 2021/22시즌에 십자인대가 파열되는 부상을 당했다. 해당 부상은 회복이 오래 걸릴뿐더러 운동 능력에 영향을 줄 수도 있는 부상이다. 하지만 비르츠는 이 부상을 완전히 털어 내고 복귀했다. 특히 2023/24시즌에는 자신의 팀 바이어 04 레버쿠젠이 첫 분데스리가 우승이자, 무패 우승을 거머쥐도록 했다. 독일 대표팀에서도 꾸준한 활약 중인 그다.

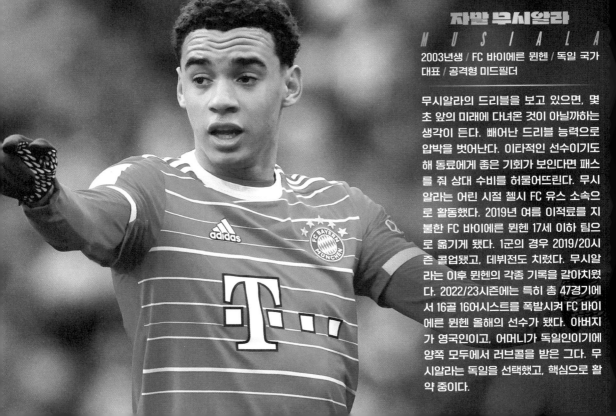

자말 무시알라
MUSIALA

2003년생 / FC 바이에른 뮌헨 / 독일 국가대표 / 공격형 미드필더

무시알라의 드리블을 보고 있으면, 몇 초 앞의 미래에 다녀온 것이 아닐까하는 생각이 든다. 빼어난 드리블 능력으로 압박을 벗어난다. 이타적인 선수이기도 해 동료에게 좋은 기회가 보인다면 패스를 줘 상대 수비를 허물어뜨린다. 무시알라는 어린 시절 첼시 FC 유스 소속으로 활동했다. 2019년 여름 이적료를 지불한 FC 바이에른 뮌헨 17세 이하 팀으로 옮기게 됐다. 1군의 경우 2019/20시즌 콜업됐고, 데뷔전도 치렀다. 무시알라는 이후 뮌헨의 각종 기록을 갈아치웠다. 2022/23시즌에는 특히 총 47경기에서 16골 16어시스트를 폭발시켜 FC 바이에른 뮌헨 올해의 선수가 됐다. 아버지가 영국인이고, 어머니가 독일인이기에 양쪽 모두에서 러브콜을 받은 그다. 무시알라는 독일을 선택했고, 핵심으로 활약 중이다.

엔드리키 펠리피
ENDRICK

2006년생 / 레알 마드리드 / 브라질 국가대표 / 스트라이커

파괴적인 왼발을 가진 공격수다. 왼발 슛을 할 수 있는 공간이 생기면, 이를 강력한 슛을 통해 곧바로 득점으로 치환해 줄 수 있는 선수다. 낮은 무게중심을 바탕으로 드리블에도 뛰어난 능력을 보여 완성형 포워드가 될 가능성이 높은 선수다. 엔드리키는 유스 시절부터 브라질 명문 SE 파우메이라스가 애지중지하던 유망주였다. 16세에 바로 정식 계약을 체결한 그는 바로 핵심이 됐다. 2022년 팀의 우승으로 U-15, U-17, U-20 그리고 1팀에서 모두 우승을 경험한 선수가 됐다. 엔드리키의 이런 성장을 레알 마드리드가 주목했고, 2022년 12월에 2024년 7월에 합류하게 되는 계약을 맺었다. 2024/25시즌 레알에서 본격적인 출발을 한 그는 데뷔전 데뷔골을 넣으며 화려한 출발을 알렸다.

파우 쿠바르시
CUBARSÍ

2007년생 / FC 바르셀로나 / 스페인 국가대표 / 센터백

라 마시아에서 등장한 또 한 명의 대형 수비수 유망주. 10대의 나이가 믿어지지 않을 정도로 영민한 수비를 보여 준다. 주력 또한 준수하며, 위치선정이 훌륭해 탁월한 수비력을 보여 준다. 빌드 업 능력도 보유하고 있어 앞으로 더 기대되는 선수다. 쿠바르시는 이미 바르사 서 유스 시절부터 촉망받는 유망주로 꼽혔다. 소속팀 바르사가 선수 등록 문제로 선수 영입을 활발하게 할 수 없는 상황에서, 쿠바르시의 성장은 한 줄기 빛과 같았다. 2024년 1월 데뷔한 쿠바르시는 10대의 나이라고는 믿을 수 없는 활약을 펼쳤다. 이제는 1군 핵심 센터백으로 자리한 모습이다. 지금의 어린 나이에도 펼치는 활약을 보면 그가 커리어를 마칠 때 어느 곳에 있을지 궁금해진다.

파블로 가비
G A V I

2004년생 / FC 바르셀로나 / 스페인 국가대표 / 중앙 미드필더

그야말로 뜨거운 미드필더. 어린 나이로 빼어난 실력을 보여 주며 뜨거운 감자가 된 선수다. 플레이 스타일 역시 뜨겁다. 공을 향해 몸을 아끼지 않고, 모든 플레이에 최선을 다한다. 그러면서도 좋은 기술을 보유하고 있는 선수다. 가비는 레알 베티스 유스 출신이지만 11세의 나이에 FC 바르셀로나로 입단했다. 이후 바르사가 자랑하는 유망주로 평가받았다. 월반을 거듭한 그는 2021시즌 바르사 데뷔전을 치르는 것에도 성공했다. 가비는 하지만 유로 2024 예선 조지아전을 치르던 중 왼쪽 십자인대와 반월판이 파열되는 부상을 당했다. 그 때문에 2023/24시즌도 날려 버렸고, 본선에서 스페인이 우승했음에도 그 멤버에 이름을 올리지 못했다. 2024/25시즌 복귀를 위해 절치부심하고 있는 그다. 가비는 다시 경기장을 휘젓기 위해 재활에 힘쓰고 있다.

코비 마이누
M A I N O O

2005년생 / 맨체스터 유나이티드 / 잉글랜드 국가대표 / 중앙 미드필더

중원의 신형 엔진. 중원은 상대의 압박이 쏟아지는 공간. 하지만 마이누는 그 사이를 환상적인 드리블로 뚫어 내 공간을 만든 뒤 패스를 전개한다. 클러치 능력도 보유하고 있어 위기 때 팀을 구해 내기도 한다. 맨체스터 유나이티드의 유스 출신인 그는 2022/23시즌이 개막되기 전 프리시즌부터 에릭 텐 하흐 감독의 눈도장을 받았다. 2023/24시즌 빼어난 활약을 펼치며 팀의 핵심으로 자리잡았다. 해당 시즌 맨유의 FA컵 우승도 마이누의 활약이 없었다면 불가능했다. 마이누는 이에 그치지 않고 잉글랜드 대표팀까지 활동 범위를 넓혔다. 걱정하는 시각을 모두 이겨 내고, 잉글랜드 대표팀에서도 중심으로 자리하고 있다. 잉글랜드의 유로 2024 준우승 성과에도 그의 몫이 상당했다.

라민 야말
Y A M A L

2007년생 / FC 바르셀로나 / 스페인 국가대표 / 윙포워드

윙포워드로서 탄탄한 기본기에 이미 완성된 기술을 가지고 있다. 측면을 돌파하며, 자신에게 달려드는 수비수들을 제쳐 내는 것은 그야말로 전매특허. 패스 역시 좋아서 드리블만 막을 수 없는 선수이기도 하다. 바르사 유스를 의미하는 라 마시아 출신에다, 오른쪽 윙포워드 자리에서 왼발을 쓰는 선수라면 리오넬 메시와 비교될 수밖에 없다. 더불어 그 부담감에 무너지는 재능들도 있다. 하지만 야말은 다르다. 부담을 초월할 뿐만 아니라, 메시의 후계자로서가 아닌 야말 그 자신의 이름을 알리고 있다. 10대의 나이에 갖가지 기록을 갈아치우며 바르사의 핵심이 됐다. 스페인 대표팀에도 승선한 그는 유로 2024 우승을 견인하기도 했다.

이스테방 윌리앙
W I L L I A N

2007년생 / 첼시 FC ▶ SE 파우메이라스 임대 / 브라질 국가대표 / 윙포워드

폭발적인 스피드에 화려한 드리블. 축구 프리스타일러들의 모습을 경기장 안에서도 구현할 수 있는 선수다. 신장이 크지는 않지만 균형 감각과 코어 근육의 질이 훌륭해 몸싸움도 잘 버텨 낸다. 왼발 마무리도 환상적인 선수다. 일찍부터 주목받던 유망주인 이스테방은 브라질 정식 프로 계약 연령인 만 16세에 자국 명문 SE 파우메이라스와 계약했다. 이후 환상적인 활약을 펼쳤고, 캄페오나투 브라질레이루 세리에 A 우승 등 트로피들도 거머쥐었다. 벌써부터 주목받는 그에게 체질 개선을 꾀하는 첼시가 접근했다. 첼시는 2024년 6월 23일 그의 영입을 발표하면서, 1년 뒤인 2025년 6월 그를 합류시킬 예정이라고 알렸다. 원더키드가 앞으로 어떤 모습을 보여 줄지 기대된다.

02

축구계는 엘링 홀란드와 킬리앙 음바페의 대결 구도를
주목하고 있다.

라이벌은 선의의 경쟁 관계를 이르는 말이다. 라이벌과의
경쟁에서 밀리면 좌절감을 느끼게 되지만, 반대로 이기면
쾌감을 느낀다. 동시에 라이벌의 존재는 스스로를
발전하게 하는 원동력으로 작용하는 긍정적인 역할도
한다. 축구계에도 매력적인 라이벌 관계를 형성한
선수들이 있었다. 1960년대에는 AC 밀란과 인터 밀란
두 라이벌 팀에서 같은 포지션을 소화하며 경쟁한 지안니
리베라, 산드로 마촐라가 있었다.

1970년대에는 토털 풋볼의 기조 아래 팀의 공격을
이끌었던 요한 크루이프, 팀의 수비를 지휘한 프란츠
베켄바워의 대결은 축구 팬들을 설레게 했다. 이후에도
1990년대 초반 브라질 공격수 라이벌 호마리우, 베베투.
1990년대부터 2000년대 초까지 시대의 지배자를 두고
다툰 지네딘 지단과 호나우두. 잉글랜드 2000년대
후반 미드필더 라이벌 스티븐 제라드, 프랭크 램파드 등
매력적인 라이벌리가 가득했다. 하지만 2010년 전후로
축구계 최고 라이벌 관계는 바뀌게 되는데 바로 리오넬

메시와 크리스티아누 호날두 간의 라이벌 관계
때문이다. 두 선수는 최고의 라이벌 관계를 형성했다.
호날두가 2000년대 맨체스터 유나이티드에서 뛰던
시절부터 시작해 지금까지 라이벌 관계를 이루고
있다. 두 선수의 라이벌 관계는 호날두가 레알
마드리드로 이적한 2009년부터 절정을 이뤘다. 두
선수가 모든 면에서 대조를 이뤘기 때문이다.

왼발잡이, 단신, 남미 출신, 온 더 볼에 강점을 가지는
선수, 조용한 성격, 원클럽맨(바르사 시절 당시 기준),
아디다스 스폰서, FC 바르셀로나 소속이라는 프로필을
가졌던 메시. 오른발잡이, 장신, 유럽 출신, 오프 더
볼에 강점을 가지는 선수, 활달한 성격, 복수 클럽을
거친 선수, 나이키 스폰서, 레알 마드리드 소속이라는
프로필을 가졌던 호날두는 모든 면에서 대조를
이뤘다. 메시의 월드컵 우승으로 무게 추는 한쪽으로
기운 느낌이 들지만 각각 한 시즌에 50골, 48골을
넣고 발롱도르를 각각 8개, 5개씩 탄 그들의 라이벌리
자체를 폄하할 수 있는 사람은 없다.

두 선수가 황혼기로 접어들면서 축구계는 새로운

라이벌리를 원하고 있는데 그들의 요구를 채워주고 있는 것이 바로 홀란드와 음바페다.

두 선수는 흥미롭게도 호날두와 메시처럼 두 살 차이가 난다. 1998년생 음바페와 2000년생 홀란드는 1985년생 호날두와 1987년생 메시처럼 라이벌 관계를 형성하고 있다. 왼발을 쓰는 센터 포워드인 홀란드와 오른발을 쓰는 윙포워드인 음바페는 앞서거니 뒤서거니 하면서 득점 경쟁을 벌이고 있다.

두 선수가 각자 우위를 지닌 부분도 다르다. 음바페는 2024년 기준으로 자신이 치른 두 번의 월드컵에서 모두 결승에 진출해 한 번의 우승과 한 번의 준우승을 이뤄 냈다. 이는 아직 월드컵 무대에 나서 보지도 못한 홀란드와는 비교되는 부분이다.

하지만 홀란드는 클럽 커리어에서 음바페를 압도하고 있다. 홀란드는 2024년 기준으로 음바페가 가지지 못한 유럽축구연맹(UEFA) 챔피언스리그 우승컵을 가지고 있다. 여기에 2022/23시즌 트레블 위업으로 클럽 커리어에서 우위를 가져가고 있다. 음바페가 2024년 레알 이적 이후 극초반 라리가에서 부진하면서

상대적으로 잉글리시 프리미어리그(EPL)에서 맹활약 중인 홀란드의 능력에 대한 찬사가 이어지고 있다.

지난 2022년 골닷컴 UK에 따르면 홀란드는 "언론은 호날두와 메시를 10년간 비교했습니다. 두 선수는 각각 레알과 바르사에서 뛰었고 완벽한 라이벌이었습니다. 두 선수는 서로를 통해 동기부여를 했죠"라며 호날두와 메시 간의 라이벌 관계에 대해 언급했다. 그러면서도 자신과 음바페의 라이벌 관계에 대해서는 "나는 나와 음바페를 그런 관점(호날두와 메시 같은 라이벌 관계)으로 생각해 본 적 없습니다. 더불어 저는 다른 선수와 비교하는 것을 좋아하지는 않는 선수입니다. 오히려 다른 선수들과 교감하는 것을 좋아합니다"라고 말했다.

하지만 호날두와 메시가 그러하듯 자신들의 의사와는 관계없이 라이벌 관계는 주변의 영향으로 형성될 수 있는 법이다. 그런 관점에서 홀란드와 음바페의 라이벌 관계는 충분히 가능하다. 두 선수가 앞으로 어떤 스토리를 쓰며 경쟁하게 될지. 또 그것이 두 선수에게 긍정적으로 작용하게 될지. 경쟁 관계의 승리자는 누가 될지. 지켜보는 것이 흥미롭다.

03 홀란드, 7번째 될 수 있을까?
잉글랜드 리그가 배출한 발롱도르 6회

엘링 홀란드가 7번째 주인공이 될 수 있을까?

발롱도르(Ballon d'Or)는 1956년 프랑스의 축구 잡지 '프랑스 풋볼'이 창설한 상이다. 한 해 최고의 활약을 한 선수에게 주어지는 상으로 축구선수에게 최고 영예로 여겨진다.

홀란드는 2022/23시즌 맨체스터 시티에서 맹활약하며 팀의 트레블을 견인했다. 이를 통해 2023년 유럽축구연맹(UEFA) 올해의 선수상을 거머쥐었다. 홀란드는 발롱도르 수상에도 도전장을 던졌지만, 2022 카타르 월드컵을 제패한 리오넬 메시에 아쉽게 밀려 2위를 기록했다. 간발의 차이로 발롱도르를 타지 못한 것이다. 하지만 홀란드는 발롱도르 수상이 좌절된 이후에도 계속해서 아주 꾸준하고 폭발적인 활약을 이어 가고 있다. 그로 인해 향후 발롱도르를 한 번 이상 수상할 수 있는 가장 강력한 후보로 꼽힌다. 2023년까지를 기준으로 발롱도르 수상 횟수를 리그별로 보면 라리가가 2023년까지 24회 수상으로 1위를 달리고 있다. 수상 당시 소속됐던 클럽을 기준으로 라리가는 24회나 발롱도르 수상자를 배출했다. 이는 전 리그를 통틀어 1위에 해당하는 기록이다. 리오넬 메시(6회), 크리스티아누 호날두(4회), 요한 크루이프(2회), 알프레드 디 스테파노(2회), 카림 벤제마(1회), 호나우두(1회), 호나우지뉴(1회), 흐리스토 스토이치코프(1회), 히바우두(1회), 루이스 수아레스(1회), 레이몽드 코파(1회), 루이스 피구(1회), 파비오 칸나바로(1회), 루카 모드리치(1회)의 수상 횟수를 합쳐 1위다. 축구의 종주국인 영국을 대표하는 잉글랜드 리그는 6회 수상으로 세리에 A(18회), 분데스리가(9회)에 이어 4위에 올라 있다. 현재 잉글리시 프리미어리그(EPL) 체제로 운영되고 있는 잉글랜드 리그는 홀란드가 꾸준한 활약으로 7번째 주인공이 되기를 바랄 수 있다. 스탠리 매튜스, 데니스 로, 바비 찰튼, 조지 베스트, 마이클 오언, 크리스티아누 호날두까지. 홀란드가 쟁쟁한 이름 뒤에 자신의 이름을 써 내려갈 수 있을까. 지금까지의 모습을 보면 못 하리라는 법은 없다.

BALLON D'OR

6

잉글랜드 리그 발롱도르 수상자 6인

1 2

STANLEY
MATTHEWS

BOBBY
CHARLTON

스탠리 매튜스

바비 찰튼

잉글랜드 / 블랙풀 FC / 1956년 🏆 발롱도르

발롱도르 🏆 1966년 / 맨체스터 유나이티드 / 잉글랜드

영국 축구 역사상 손꼽히는 선수.
윙어의 개념을 확립시킨 선수로 평가받는다.
빼어난 드리블과 시원한 드리블, 정확한 크로스로
상대 측면을 붕괴시킨 선수다. 40세에 새롭게 창설된
초대 발롱도르의 수상자가 되는 영예를 안는다.
현재까지도 그는 발롱도르 최고령 수상자로 남아 있다.

잉글랜드 역사상 최고의 선수라고 평할 만한 선수다.
1966년 잉글랜드의 현재까지도
유일한 월드컵 우승을 견인한 선수다.
소속팀 맨체스터 유나이티드에서는
비행기 참사인 뮌헨 참사를 이겨 내고,
팀을 1967/68시즌 유럽 정상에 올린 선수다.

3

DENIS
LAW

데니스 로

스코틀랜드 / 맨체스터 유나이티드 / 1964년 🏆 발롱도르

빼어난 헤더와 훌륭한 득점 능력으로
유명했던 전설적인 공격수.
스코틀랜드 선수로는 유일한
발롱도르 수상자이기도 하다.
맨체스터 유나이티드의 1960년대
전성기를 이끌었던 선수였다.

4

GEORGE
BEST

조지 베스트

발롱도르 🏆 1968년 / 맨체스터 유나이티드 / 북아일랜드

빼어난 외모에 뛰어난 실력으로
축구계를 주름잡았던 슈퍼스타.
1967/68시즌 데니스 로, 바비 찰튼과 함께
유러피언컵을 들어 올리며
맨체스터 유나이티드를 유럽 정상으로
이끈 인물이다.

5 **6**

MICHAEL
OWEN
마이클 오언
잉글랜드 / 리버풀 FC / 2001년 🏆 발롱도르

축구계를 놀라게 한 원더보이. 2000년대 초반
폭발적인 스피드와 남다른 득점력을 앞세워
잉글랜드와 리버풀 FC의 에이스로 활약했다.
특히 2000/01시즌에는 46경기 24골로
팀의 유럽축구연맹(UEFA)컵, FA컵, 칼링컵
3관왕을 견인하며 발롱도르까지 수상했다.

CRISTIANO
RONALDO
크리스티아누 호날두
발롱도르 🏆 2008년 / 맨체스터 유나이티드 / 포르투갈

불굴의 소년은 2008년 축구계를 지배하며
정상에 섰다. 포르투갈 대표팀에서 맹활약하는
한편 맨체스터 유나이티드에서 잉글리시
프리미어리그EPL, 유럽축구연맹UEFA 챔피언스리그
우승의 더블을 견인했다. 당시 개인 수상을 휩쓴
호날두는 발롱도르까지 거머쥐었다.

"함께 행진하자." '장미 전쟁?' 홀란드,

COLUMN 축구의 종주국으로 오랜 역사를 자랑하는 영국이다. 그 안에서 진행되는 잉글랜드 축구 역시 오랜 역사를 자랑하며, 많은 이야깃거리를 가지고 있다. 잉글랜드 축구는 그 역사와 전통 안에서 많은 라이벌 관계도 가지고 있다. 축구가 거의 삶이라고 할 수 있는 현지에서 라이벌 관계는 엄청난 의미를 가진다. 팀의 한 시즌 성적만큼이나, 한 시즌 라이벌전 결과가 중요하다는 이야기가 나올 정도다. 라이벌 간의 경기를 의미하는 더비는 크게 두 가지 요인으로 형성된다. 하나는 지역적 인접성으로 더비 관계를 형성하는 경우가 있다. 또 하나는 팀의 성적이 엇비슷해 더비 관계가 형성되는 경우다.

리즈 유나이티드와 맨체스터 유나이티드 간의 라이벌 관계는 잉글랜드 내에서 대표적으로 꼽히는 라이벌 관계다. 잉글랜드 북부에 위치한 지역적 인접성도 있다. 지금은 차이가 있지만 1970년대 각각 맷 버스비 감독, 돈 레비 감독 지휘 있을 때 치열하게 맞붙으며 패권을 겨루기도 했다. 여기에 역사적 배경까지 덧입혀졌다. 1400년대 요크를 중심으로 리즈를 포함한 요크 가문과 랭커스터를 중심으로 맨체스터를 포함한 랭커스터 가문이 영국의 패권을 두고 맞붙었다. 당시 요크 가문의 상징은 흰 장미였고, 랭커스터 가문의 상징은 붉은 장미였다. 그 때문에 이 전쟁을 장미 전쟁이라 부른다. 랭커스터 가문의 방계인 헨리 튜더가 최종 승리자가 되면서 튜더 왕조를 창건했고, 이후 영국의 절대 왕정이 시작됐다. 그렇기에 입헌군주정인 영국에서 현재도 랭커스터 공작이라는 칭호는 영국 국왕의 비공식 칭호들 중 하나로 간주된다.

리즈와 맨체스터에서
모두 사랑받는 사나이

1970년대 이후 리즈와 맨유 간의 라이벌 관계가 깊어졌다. 양 팀을 상징하는 홈 유니폼이 각각 흰색, 빨간색이기에 이 두 팀의 더비 또한 장미 전쟁으로 지칭되게 됐다. 지금도 양 팀이 맞붙으면 전력과 별개로 불이 붙는 편이다. 축구를 떠나서도 리즈와 맨체스터 두 도시 간의 관계도 긍정적이라고 보기는 힘들다. 하지만 홀란드는 이를 초월하는 존재다. 리즈와 맨체스터 모두에서 사랑을 받는 존재다. 이는 상당히 드문 경우라고 할 수 있다.

홀란드가 두 도시에서 모두 사랑을 받을 수 있는 요인에는 일단 아버지 알프잉에 홀란드의 존재가 있다. 알프잉에 홀란드는 리즈 유나이티드에서 뛰었고 이후 맨체스터에 있는 또 다른 연고의 맨체스터 시티에서 뛰었다. 지난 2022년 영국 언론 '디 애슬래틱UK'에 따르면 알프잉에 홀란드는 지난 2010년 구단 초청 행사가 아닌 스스로 리즈 팬들과 펍에서 호흡하고, 경기를 직접 관람했다. 스타 출신이라는 거드름 없이 팬들과 어깨동무를 하며 순수히 리즈를 응원했다. 알프잉에 홀란드는 이 외에도 지속적으로 리즈에 대한 애정을 보여 주고 있다. 그런 선수의 아들이기에 리즈 팬들은 엘링 홀란드에게도 호의적일 수밖에 없다.

또 엘링 홀란드는 리즈에서 출생하기도 했다. 아버지와 별개로 본인 역시 리즈에 대한 애정이 남다를 수밖에 없다. 엘링 홀란드는 지난 2017년 노르웨이 언론과의 인터뷰에서 당시 2부에 있던 리즈를 언급하며 "리즈와 함께 우승해 승격하는 것이 꿈입니다"라고 밝히기도 했다.

2018년 몰데 소속이던 홀란드는 실제로 리즈로 이적할 뻔하기도 했다. 당시 리즈와 몰데를 중개했던 에이전트 하이든 에반스는 "당시 홀란드는 지금과 다르게 내성적인 성격이었습니다. 물론 신체적 존재감은 달랐죠. 성격은 겸손했지만, 신체적으로는 짐승 같았습니다. 그는 복수 클럽의 관심을 받고 있었고 리즈에도 소개됐습니다. 저는 당시 홀란드가 사랑하는 클럽이 리즈라는 것을 느낄 수 있었습니다. 리즈를 존중하고 사랑하는 모습을 보여 줬어요. 확실히 그렇게 느꼈습니다"라고 말했다.

비록 리즈행은 불발됐지만 여전히 홀란드는 리즈에 애정을 가지고 있다. 홀란드는 노르웨이 국가대표로 북아일랜드와의 경기를 치른 뒤 리즈 소속의 스튜어트 댈러스에게 리즈 응원가이자 응원 문구인 "함께 행진하자Marching on Together"라고 속삭였던 것이 알려지기도 했다. 리즈전 득점 이후에도 감정 조절을 하는 모습을 보였던 홀란드다. 늘 리즈에 대한 애정이 느껴진다.

맨체스터도 홀란드를 사랑하는 것은 마찬가지다. 일단 그가 리즈와 라이벌 관계가 깊은 맨체스터 유나이티드가 아닌 맨체스터 시티로 이적한 것이 영향을 끼쳤다. 홀란드는 올레 군나르 솔샤르 감독 시절 맨유와 강하게 연결됐고, 실제로 이적 가능성도 있었다. 하지만 이 이적은 끝내 불발됐다. 맨체스터 시티 현지 팬들도 기본적으로 맨체스터를 기반으로 하기에 리즈에 대한 인식이 마냥 좋지는 않지만, 맨체스터 유나이티드 팬들이 가진 정도는 아니다. 반대 역시 마찬가지. 그 때문에 홀란드는 두 도시의 팬들 모두에게 애정을 받을 수 있었다.

'장미 전쟁?' 홀란드,

리즈와 맨체스터에서 모두 사랑받는 사나이

물론 맨체스터 유나이티드 팬들로서는 지역 라이벌 맨체스터 시티의 수포인 홀란드에게 애정을 주지는 않을 것이나. 하지만 홀란드는 맨체스터 시티 팬들로부터 넘치는 애정을 받고 있다.

그가 합류해서 첫 시즌에 만든 잉글리시 프리미어리그EPL 한 시즌 최다 득점, 팀의 3관왕 기여, 유럽축구연맹UEFA 올해의 선수상 수상 등 팀에 안겨 준 것들을 생각해 보자. 맨시티 팬들이 홀란드를 좋아하지 않는 것이 오히려 이상한

일이다. 초반에는 맨체스터 시티 합류 후 성장해 레알 마드리드나 FC 바르셀로나 등으로 떠날 수도 있다는 추측들도 나왔던 홀란드다. 하지만 펩 과르디올라 감독의 지도하에 맨시티에 단단히 뿌리를 내리고 있다. 그러면서 맨시티에 애정을 보이고 있다. 그런데 팬들이 어떻게 그를 좋아하지 않을 수 있을까. 홀란드의 진심과 노력, 매력, 실력은 그를 앙숙인 리즈와 맨체스터 두 도시에서 모두 사랑받는 선수로 만들었다. 홀란드가 보기 드문 경우를 생성했다.

홀란드

팬들을 매료시키는 축구 바보

EPILOGUE 엘링 홀란드는 팬들을 매료시키는 축구 바보다. 2023/24시즌 잉글리시 프리미어리그EPL는 또다시 맨체스터 시티의 우승으로 마감됐다. 복수의 팀들이 맨시티의 아성을 무너뜨리기 위해 노력했지만, 그들이 4연속으로 EPL 타이틀을 들어 올리는 것을 막지 못했다. 맨시티는 1992년 새롭게 출범한 EPL에서는 물론, 1888년에 시작한 잉글랜드 1부 리그 역사상 처음으로 리그 4연패를 이뤄 낸 팀이 됐다. 그야말로 역사를 새로 쓴 맨시티라고 할 수 있었다.

홀란드는 이번에도 자연스럽게 우승을 이끌었다. 물론 시즌 중 부침도 있었지만, 올 시즌에도 27골을 폭발시켰고, 이를 통해 리그 득점왕에 자리했다. 홀란드가 터트린 이 골들은 맨시티가 잉글랜드 왕좌를 유지하는 것에 핵심적인 역할을 했다. 세계 최고의 리그 중 하나로 꼽히는 EPL이고, 그 EPL 4연패를 도운 공신 중 한 명인 홀란드다. 노르웨이 국적의 작은 소년이었던 그가 세계 축구계 중심의 스타로 발돋움한 것이다. 새롭게 도입한 2024/25시즌에서도 홀란드의 활약은 남다르다. 3라운드까지 두 번의 해트트릭을 포함 7골을 폭발시키며 득점 선두를 질주 중이다. 맨시티를 제외한 나머지 19개 EPL 구단들은 3라운드까지 모두 팀 득점에서 7득점 이하를 기록했다. 극초반이기는 하지만 한 선수가 각 구단들의 득점력에 비견되는 모습을 보여 주고 있는 것이다.

하지만 이러한 활약을 펼치면서도 홀란드는 여전히 축구만 바라보는 축구 바보의 면모를 이어 가고 있다. 고국 노르웨이에서 뛰던 시절 홀란드는 잡념을 없애고 축구에 대해 집중하고자 명상으로 하루를 시작했다. 축구로 하루를 보내고 마지막으로 공 5개와 함께 잠을 청했다. 온통 삶의 모든 시간, 모든 것이 축구였다. 사람들이 그의 생활에 놀랐던 이유다. 이후 시간이 지났지만, 홀란드는 여전히 명상으로 하루를 열며 일과를 시작해서는 축구에 집중한다. 일과를 마친 뒤에는 숙면을 위해서 잠자기 전 디지털 기기를 피한다. 수면의 질을 위해 입술에 테이프를 붙이고, 주황색으로 코팅된 불필요한 빛을 차단하는 안경을 착용한다. 아침이 되면 기상 알람으로 설정해 둔 UEFA 챔피언스리그 주제가를 들으며 소중한 잠에서 깨어나 또 다른 하루를 시작한다.

라커룸에서 태어났다는 우스갯소리가 있을 만큼 태어날 때부터 축구와 함께였던 좋은 의미의 축구 바보는 성장한 지금에도 같은 모습을 유지하고 있다. 날 때부터 축구와 함께였고, 지금도 축구와 함께. 여전히 하루의 시작도, 하루의 중간도, 하루의 마무리도 축구. 그런 집중과 노력 속에 홀란드는 계속해서 성장 중이다. 타고난 득점 기계는 계속해서 성장해 도저히 막기 힘든 수준으로 올라섰다. 각종 상을 휩쓸었다. 그리고 또 다가오는 나날들에 수많은 상을 휩쓸어 나갈 것이다. 홀란드가 커리어를 마치는 날 그는 어떤 발자취를 남기게 될까. 그가 받은 상은 얼마나 많게 될 것이며, 그가 만든 업적들은 또 얼마나 많게 될까. 축구에만 집중하는 홀란드기에 기대감은 더욱 증폭된다. 홀란드의 밝은 미래에 대한 기대감은 더욱더 커지고 있다.

Erling
Haaland

1ST PUBLISHED DATE 2024. 10. 11

AUTHOR Sunsoo Editors, Lee Hyeongju
PUBLISHER Hong Jungwoo
PUBLISHING Brainstore

EDITOR Kim Daniel, Hong Jumi, Lee Eunsu, Park Hyerim
DESIGNER Champloo, Lee Yeseul
MARKETER Bang Kyunghee
E-MAIL brainstore@publishing.by-works.com
BLOG https://blog.naver.com/brain_store
FACEBOOK http://www.facebook.com/brainstorebooks
INSTAGRAM https://instagram.com/brainstore_publishing
PHOTO Getty Images

ISBN 979-11-6978-039-1 (03690)

ERLING HAALAND